リクルートの風土で語られた言葉

暗い奴は暗く生きろ

令和版

生嶋誠士郎
Ikushima Seishiro

風詠社

令和版　序

この書籍の、紙の本が無くなってから久しい。

そんな中、いまだ読者である人たちが周囲にこの本を勧める時、「中古本を自分で買って渡しました」とかの話を聞いたりしていた。

紙の新刊本が少部数でもあれば……と長年思っていたところ、令和の初め、あるグループが、小生の蓼科山荘に現れた。

Kさんに引率された『暗い奴は……』本の愛読者六人！　その中の数人は、この語録の言葉が最初に発せられた頃は未だ生まれてもいない、という隔世感。

そこで思案。彼ら彼女らの語る熱い感想文を添えて、『暗い奴は……』本の令和版を改めて制作したい。

簡略に述べれば、ま、そんな流れで、この令和版が刊行される運びとなりました。取り敢えずは感想文六人だけでの出発です。

「令和一号」というチーム名を持つ人たちの感想文が掲載されることで、この本が令和の書籍としても新たな命を与えられる……。新しい時代を生きる……。

老生の希望が、ふつふつと膨らんでいます。

二〇二四年三月
東大寺お水取りの日に

はじめに（旧版）

〝言葉にいかなる力があるのか？〟というやくたいもない自問自答を捨て去ってからだいぶ歳月が流れた。

そんなある日ある所で、リクルートのOBが僕に言った。

「イクさん（筆者のこと）の、あの言葉で救われました」

また別のある日ある所で、リクルートの現役役員が僕に言った。

「イクさんのあの言葉を今も大切にしています」

こういう機会が時折あって、それが必ずしも先輩への外交辞令だけとは思えないところもあり、それに気を良くしたのがこの一冊を書こうとしたきっかけである。

さて、これは僕がリクルート時代にいろいろな場面で語った言葉、書いた原稿の集成である。その意味では「自分なりのリクルート史」でもあるわけだが、同時にこれを読む若い人になにがしかの心根をプレゼント出来るなら幸いこれにすぐるものはない。

若い君は、多少暗い。思わず物おじしてしまうこともある。でも〝五分の魂〟は持っている。そういう若い君に贈る一冊。打ち明けるというほどでもないが、筆者にも暗い部分があって、晴れがましさはまぶしくて、思わず後ずさりしてしまう性向があった。学生時代、級友に「生嶋の唯一の非凡さは照れ屋であることだ」と評された記憶がある。そういうわけで、リクルートで発した言葉の数々は、照れの反動の強がりでもあったのだ。もしくは自分に言い聞かせるための言葉。

さて若い暗い君も、いつもいつも誰かの背中に隠れているわけにはいくまい。自分が前に出なければいけないときがくる。いやそのときを自発的につくるしかないときがくる。そのときは思い切って「まず手を挙げてしまう」ことだ。そのときの震える心に、この一冊のどれかの言葉が、どこかのフレーズが、なにがしかの込められたメッセージが助けとなってくれるなら、こんなに嬉しいことはない。

後半部にある「風土言語」編は、若い君が組織マネジメントに思いをいたすときに味わってほしい。

「ベンチャーの成功事例」「人材輩出企業」とかいわれるリクルートの合理的な所業を支える人たちの精神の底流に、ある種の〝開放された心への憧憬〟が潜んでいることに気付くはずだ。いかなる所業も開放された精神があってこそだと、あの古代ローマが教えてくれている。

さて僕は今や〝横丁のご隠居〟を自称する人生コースにあって自在の日々。
若い暗い君の人生の輝きを、自分の好きな色で輝くことを、強く願っている。

二〇〇六年五月

目次

心意気を語った言葉

新入社員に贈る十カ条

風土を語った言葉

装幀　2DAY

リクルートの風土で語られた言葉

暗い奴は暗く生きろ

心意気を語った言葉

多少の摩擦は構わん、常に震源地たれ

　これは営業部門の部長の一人として組織を任された最初の期（筆者三十歳代前半）に、部内に貼り出した言葉。自分で墨書して掲示した。言葉どおりの気分。若気《わかげ》を感じるメッセージ。次の期のスローガン発表の壇上では〝常に震源地たれ、多少の摩擦は構わん〟と前後を引っくり返しただけのものを掲示し「手抜きですが」と。それで笑いと拍手を受けた思い出。

　さて、摩擦はなるべく避けたいのは我ら日本育ちの人情であろう。しかし摩擦がエネルギーを生むのも確かなこと。組織では順番に誰かが「前進のための摩擦」を創り出していくしかない。気力は要るが手を挙げて発言する。その機会を自らを鼓舞して創り出そう。

　筆者は学生時代に、和田肇《わだはじめ》という友人から「生嶋よ、雄弁は銀、そして沈黙は金メッキ」と言われたことがあり、深く心に残った。

まことに我ら普通人の沈黙は、たいていが「金メッキ」なのである。

コピーライターは女衒《ぜげん》である

新聞社勤務を経てのリクルートでの初仕事は、コピーライター。「この会社へは一宿一飯の義理」とか嘯《うそぶ》いていた若気の至りの時代で、コピーライターという職種にも一定の衒《てら》いがあった。あれこれ良いことだけを飾りたてて勧誘する〝女衒《ぜげん》〟のごとくである、という物言い。本当にそう思っていたのか。そう発言することで格好をつけていたのか。それとも女衒《ぜげん》ではいけないという自戒があったのか。少なくともなにがしかの自嘲があったのかもしれない。

二年ほどして、コピー課課長になったときに、資料をほとんど丸写しで書きまくる自分や部下を眺めて、「ここはコピー課ではなく、リコピー課である」とか言っていたから。

しかし自分でそれを言って目覚めた。営業マンに資料をもらうのでなく、自分たちで取材に出向く方針に転換。高校生採用の入社案内のために、工場をよく訪れたのは楽しい思い出である。都会から離れた沃野《よくや》に建つ工場は、独特の趣があった。

「金の卵といわれている高卒の新人に本当に良い環境で働いてもらいたい」

工場見学のあとではそういう思いが横溢《おういつ》するのだが、実際に作ったキャッチフレーズは、例えば、

〝人は、ベルトコンベアに乗せられない〟とかいうわかったようなわからないような代物。部下とあれほど「良い職場とは」の議論をしながら、作るコピーは言葉を飾るものだったような気がする。僕の限界。

ただ、今では確実に自信を持って発信出来ることがひとつある。どんな仕事も全霊を投入したものだけが批判する権利を持つ、ということだ。この稿の例で言えば、コピーライターが女衒なのでは全くなく、それは取り組む己の心次第だということである。

歳月が女衒を少しだけ進歩させた。

スタッフは風である

筆者が管理部門（人事・総務・広報など）担当だった頃、月一回程度の部会で話す機会があり、そこでの発言。

リクルートはライン（営業や制作）が華の会社風土で、スタッフは、ま、裏方である。しかし、スタッフも極めて重要な仕事であるということを、そこの親玉としては言わねばならない。鼓舞したい。一方で、例えば人事などのスタッフが権力を持ち、偉そうにしている会社のレベルはたかが知れている。これらを勘案して「スタッフは風である」という言葉をひねり出した次第。

曰《いわ》く、

「管理部門それぞれの仕事は、組織にある淀みや機能不全を見つけて、そこに出向き立ち向かい、新しいやり方を提示する仕事である。しかし、いかにも『お上の方針』みたいな感覚によってスタッフの存在がラインにとって重くなってはいけない。ちょうど風が塵芥《ちりあくた》を吹き飛ばして後《のち》、どこかへ去っていくような感じの仕事感覚が求められる。

そう、その姿を自己主張しないが、チリはきちんと吹き飛ばし、然る後、いずこかへ消えていく。スタッフは風である。風になれ……」

そして、さらに付け加える。

「このような、風のようなスタッフをもっている組織は少ない。目指そう、風のスタッフを。

そしてそういうスタッフのレベルが、会社全体のレベルを規定する。繰り返す。スタッフのレベルが会社のレベルを規定する。我々はそういう仕事をしているのである」

スタッフのモチベーション喚起で発言した言葉であるが、しかし思えば、どこの組織にいたときも、「ここが一番大切な職場だ」という言い方を考えていたような気がする。

〈感想文〉総務歴18年、女　高倉健

新卒で入社した会社を三年過ぎた頃、営業職から今の会社に転職したのは、誰かを支える人になりたいという心からの想いからでした。
組織改編で、会社名や所属組織は変わりましたが、ずっと全社スタッフとして働いています。

「スタッフは風である　風であれ」

スタッフという仕事に慣れ、組織長になった後にこの言葉と出会いました。
とても共感し、今でも憧れています。

「その姿を自己主張しないが、チリはきちんと吹き飛ばし、然る後、いずこかへ消えていく」

スタッフの仕事に限らず、そんな自分でありたいけれど、存在を認めてほしい自分が見え隠れしてしまっている。
そんな〝風〟になりきれない自分にとって、この言葉は、まだ身についていない大事な目標です。

従業員のみなさんや、自分の周囲にいてくださる方々のお役に立てるように。
でもそれが重荷やお節介になりすぎないように。
そしてそれが新しい発想や新しい取り組みの邪魔にならないように。

私も著者がこの言葉を当時のスタッフの方々に贈った時のように、一緒に働く方々を尊敬し、信頼し、大丈夫だよとモチベーション喚起できるような人を目指したいです。

（了）

チャクラで人を観よ

平井和正の「ウルフガイシリーズ」だったか、最初にこのチャクラなる言葉を知ったのは。そののち天外伺朗《てんげしろう》さんの本などでも学んだ。しかし、この世界を本格的に勉強したことはない。

チャクラ……第三の目。額の中央（眉間）にあるのをアジナチャクラという。大仏などに具現されている。スタッフ部門の部会などで、ネタ切れのときに話した記憶。「チャクラで人を観よ。さすればその人間の良いところが見えてくる。良いところが見えてくれば、おのずから付き合い方が違ってくる。たまになす忠告も讒謗《ざんぼう》ではなくなる。第一、一心にチャクラを意識すれば、普通の両目で相手を睨むよりもずっと目つきが良くなる。チャクラで人を観よ」

筆者は目つきが悪いとか恐いとか言われることが多かったので、これは自分に言っていたのかもしれない。

さて、我ら凡俗にチャクラは無い。ただ、額の目を強く意識して人や風景を観るようにすると、不思議なことに口元に微笑が浮かぶ。心地よい。お試しあれ。

バラは、花咲くが故に花咲く

いささか意味不明ではあるが、その音律も気に入ってよく使った言葉。あえて意訳すれば〝何故という問いなく、あるがままに存在する〟となろうか。

この言葉を最初に目にしたのは、遥か昔、小生の大学一年のとき。佐藤慶二教授の「哲学原論」の講義でのこと。テキスト本の序章に、バラは何故咲くのかとあって、こう書き出している。

「ある詩人が吟《うた》っている。〝バラは何故にということなしに存在する。バラは、それが花咲くが故《ゆえ》に花咲く。バラは己自身に注目しない。ひとが自らを見るか否かを問わない。〟その詩人とはライプニッツより二十二歳年上の同時代の宗教詩人アンゲルス・シレジウスのことである」

「この詩が問題となるのは、根拠律との関係である。根拠律は十七世紀ライプニッツによって〝何物も根拠なしには存在しない。すべての存在者は一つの根拠をもつ〟と定式化されたからだ」

講義では、根拠律に鋭く対峙しているかのごときシレジウスの詩が花咲くという根拠によってバラが存在していることを示し……メーリケの詩やゲーテの言葉が引用され、キリスト教の原義にまで及んだ。華麗。筆者は一応哲学科ではあるものの、深いところで哲学に感応出来ない。まず言葉を理解しようとするからだろうか。

当時、大学に山中という世界記録保持者の水泳選手がいて、そこで佐藤教授は言う。「山中は泳ぐが故に、泳ぐ」と。

この転用比喩でも、いまひとつわかったような、全くわからないような。

ともあれ「何故という確かな根拠なしに」この言葉が気に入って多用した。制作を担当した入社案内から部会での演説、原稿のタイトルまでさまざまに。実存哲学の始祖ともいわれることになるシレジウスも目を丸くしていることだろう。多用したので〝バラのイクさん〟などという呼称ももらった。しかし、このたったの十二文字を正確に言える部下はひとりもいなかった。「あのバラバラとかいうやつ、どんな言葉でしたっけ」という会話が通例。ま、言っている本人も意味が正しいのかわかっていないわけだから、当然、会話も不毛である。それでも繰り返す、この音律のこの言葉。
〝バラは花咲くが故に花咲く〟

ツキを呼び込む三カ条

これは経済雑誌『東洋経済』に載っていたもの。

一番目にいきなり〝祈る心を持て〟とあるのに引かれて、かつてノートにメモした。

そして折々に発信しているもの（書いた方がどなたかを明らかに出来ないまま、ときどき引用している非礼のままです）。

1. 祈る心を持て

神を畏《おそ》れるということは、人智の及ばない事柄に謙虚であることだ。なんでも自分で出来るという傲慢な人間は、誰も寄り付かないばかりか、ツキも寄り付かない。

2. バクチ根性を忘れるな

吉凶、動より生ず……だ。

3．開放された人間であれ

確固たる背景をもちながら無私であること。そうすれば自分が捨てられ、運、不運の前に右往左往しない。あまり自分の〝いのち根性〟に汚いと、自ら不運を選択してしまう。

この三カ条は「ツキを呼び込む……」というタイトルからは通常は想像しない言葉が並んでいる。ましてや経済誌（という言い方は偏見か）。ともあれ「数字に強くなれ、運は確率だ」とか「成功者を多く知人にもて」「時間を無駄にするな」とかが前後にあって「バクチ根性……」が述べてあるなら通常の収まりである。

しかし、バクチの前後を取り囲んでいるフレーズは、人間性について強く述べた言葉であった。ツキというような、人皆ひとしく平等ではないものについてさえ、なんと人間性の勝負であったとは。創造主に対する畏怖がない者には、神がツキを恵まないということか。

もし、一見ツキに似たものが不埒な者に訪れたとしても、それはちょっと長い目で見たとき、ツキでも何でもなかったと暗転させる仕掛けが用意されているということなのだろう。

良いツキが来る人間になりたいものだ、としみじみ思わされる三カ条である。

〝吉凶、動より生ず〟の「動」という文字からの連想展開

司馬遼太郎の『街道をゆく』の第一巻のなかの長州路（壇ノ浦付近）に次のような記述がある。

「私は日本の景色のなかで馬関（下関）の急潮をもっとも好む。自然というのは動いていなければいけない。（中略）出雲の松江城下の晴れた日など、にわかに日照雨《そばえ》がふって白い雲がうごいているときがある。松江は雲が似合うという印象をはげしく感ずるのは、そういうときではないか。」（『街道をゆく1』朝日文庫）

そこで小生は思う。なるほどそれで同じ光景を切り取ったものでも絵葉書というのは、

いかにも絵葉書なのであったか、と。景色さえも「動」が肝要であったか。動……動くこと。

さすれば動の対の言葉の静はいかなる価値であるのか。単なる動いていない「静」は、ほとんど「動」に遅れをとるものなのかもしれぬ。

動かざること山のごとしという「静」は、考えてみると、様々な波動の真ん中で揺るぎなく動かない状態、「動」の中の「静」。ちょうど磁極のプラスマイナスの中間にあってぴたりと静止しているがごとき状態。「動」があることによって輝きを増す「静」。

単なる「静」は何もしていない動けないという悲しい状態であったのか……などと連想を膨らます。

為政は言語である

近年、何人かの経営者に贈った言葉。「正しく力強く、願わくば清冽に……もっと感覚的に言えば〝泣けるような〟言葉を社内外に発信しよう。為政は言語である」と。

元々はリクルートの第四代社長・柏木斉《かしわきひとし》さんにプレゼントした言葉である。この言葉に至る前は「経営は評論ではない」的な言われ方に多少たじろぐ自分がいた。敷衍《ふえん》して、行動と対峙するものととらえた言葉をいやいや軽んじる己があった。

出合った本が、塩野七生《しおのななみ》さんの傑作快作『ローマ人の物語』（新潮社）。

この本にはすっかりのめり込んだ。普段あまりやらないことだが（やってはいけないことでもあろうが）「塩野ローマ本を読め」とたくさんの人に勧めた。結果、夜の巷のあちこちで延々とローマ談義が起こるほどに読者が増えた。「スキピオ・アフリカヌスとハンニバルの差は……」とか生半可な知識ながらその名を口にして紀元前の世界へ思いを馳《は》せた。

極めつきは「ユリウス・カエサル」。作者の塩野さんからして、どう見ても感情移入しているとしか思えない書きっぷりだが、ともかくカエサルは凄いの一言に尽きる。ユリウス・カエサルを表現するに〝凄い〟以外の適当な言葉を思いつかない。

塩野さんは、カエサルへの思いの一端を次の引用で記している。

「歴史はときに、突如一人の人物の中に自らを凝縮し、世界はその後、この人物の指し示した方向に向かうといったことを好むものである。これらの偉大な個人においては、普遍と特殊、留まるものと動くものとが、一人の人格に集約されている。

（中略）

これら偉人たちの存在は、世界史の謎である。ブルクハルト『世界史についての諸考察』より」

まことに、「創造主が人格と才能を与えてこの世に送り込んだ」としか思えない人物がそこにいた。演壇に上がるだけで熱狂的に迎えられる人物と、そうでない人間との天賦の才の差も思い知った。開放された精神と言語の力の相乗。そうした様々な読後感から〝為政は言語である〟は生まれた。最初は次のような物言いだった。

「我ら凡人ゾーンにいる人間は、ユリウス・カエサルを真似ることは出来ない。真似をする必要もない。ただその精神と言語に憧れる気持ちだけはもっていよう」。

高倉健さんの映画を見た直後のような、感情移入した物言い。それが「正しく力強い言語に憧れる思いだけはもっておこう」になり、ついには〝為政は言語である〟に至った次第。

冒頭に戻れば、今やボクの中で行動と言語は対峙するものでは全くない。澄明な精神から生まれる言語は力強い。言語は行いでもあるのだろう。家族とか、気の合った仲間とかには言葉が不要な時もあろうが、組織には言語は不可欠だ。為政はまことに言語であった。

力強く晴朗な言語をもった経営者をいただく社員の人たちの、誇らしげな顔が自然に目に浮かぶ。

余談　筆者は塩野さんの本に出合う以前に、ギボンの『ローマ帝国衰亡史』（中野好夫訳・ちくま学芸文庫）を半ば見栄で買いそろえてあったが、三巻を読み終わらずに挫折している。元の素養がない人間にとってはその詳述に眠気を誘われるばかりだった。ま、筆者がそのレベルの人間だということでもある。興味ある方は、塩野さん本の参考書としてどうぞ。
※なお本書の中の古代ローマに対する言及は、すべて『ローマ人の物語』を参考にしています。

暗い奴は暗く生きろ

生嶋語録の中でたぶん最も膾炙《かいしゃ》されたのがこの言葉。これはいわゆるネクラの人への応援メッセージである。

自分自身でもそれなりに気に入っているのは、これが自分に向けて発せられた部分があるからだろう。リクルートという会社の、表面的なとてつもない明るさには、なかなかついていけない時代があった。例えば目標達成の垂れ幕と社内放送……、例えば宴会での芸、あれらはなかなか照れくさいものだった。こいつらは何者なんだ、などと入社初期には思っていたものである。

二十八歳、青年の終わりの頃だった。

ＴＩ型性格テストのＥＮＴＰタイプ（外交的で前向き、出たとこ勝負タイプ）が圧倒的に多い社内にあって、筆者はほぼその反対のＩＮＦＰタイプ。それでも、いやそれだからこそか、リクルートの明るさは何かまぶしいものを見るような高揚感もあった。

時々あの「明るさ」の仲間に入りたいなという思い。踊る阿呆になってみたい希求。ネクラゆえの憧れ。

それでも多少のナルシシズムの故《ゆえ》か明るい側に入ろうとは思わず、〈時折明るい側で遊ぶ〉ということで組織と折り合いをつけた。これがこの言葉の源流である。

リクルートの採用方針は「良い子、強い子、元気な子」であったが、その流れを変化させたのが情報通信事業のスタート。理系採用が活発になり、文系出身者では想像も出来ない卒論テーマを提げて入社してくる者も多々。結果、採用現場では自虐的な意味合いも含めて「これからは、〝良い子、強い子、賢い子〟の時代だよ」などと言っていた。そして、この言葉「暗い奴は暗く生きろ」を初めて発信するときがやってくる。

一九八八（昭和六十三）年、いわゆるリクルート事件の真っただ中にあった会社では、内定者の父母懇談会を実施した。内定者自身よりも父母が会社の将来を案じて動揺しているという声が多く寄せられた結果である。

当日、業績や社内状況の説明で一応の納得をしていただいた後の質問コーナーで、「リクルートは明るく活発な人たちの集まりと聞いているが、自分の子供はそういうタイプではない。会社生活がうまくやっていけるのだろうか」という質問が出た。

そこで当時、人事担当役員でもあった筆者が登壇、曰く、

「この会場の半分の父母の方、自分の息子・娘はネアカではないと思っている方に申し上げます。リクルートの採用基準らしいものに合わせようと面接で明るく笑ってみせたりして、本当は暗い人、心配無用です。というより私は暗い人を積極的に評価しています。『ネクラ讃歌』という本を書きたいくらいです（当時世の中がネアカ全盛）。私の見るところ明るい社員というのはある意味での演技者です。自らのイメージを保つために会社で明るく振る舞っている社員はそれなりに無理をしていますから、その鼓舞のために疲れています。ですから家に帰ってからは『誰も俺のことはわかってくれない』などと押し入れの前で泣いていたりするものです（笑い）。元来、人は多少のコンプレックスがあるのが正しい姿です。さすれば自ずと暗い場面もあるものです。暗い奴は暗く生きろ、それで結構なのです」

ホッとしたように頷いてくれる父母が何人かいらっしゃって、それで「暗い奴は……」は筆者の定番のひとつになった。

散会後に年配の父兄が寄ってこられて、「アンタ若いのに（当時筆者は四十歳代半ばだった）なかなかいいこと言うじゃないの。会社がんばれよ。息子を頼む」と手を握られたときは、それがリクルート事件という逆境のさなかだっただけに、思わず目頭が熱くなった。

ともあれこの言葉は定番になって、後《のち》よく使った。ついには社内結婚式の司会者がスピーチ前の筆者を紹介する際、「暗い奴は暗く生きろの生嶋さんです」などという言い方にまで発展していった。

暗い奴は暗く生きろ。語感も良し、意味もそのとおりストレートに受け止めてもらえばよいのではあるが、ひと言加えておこう。自己中心的、他人の痛みが見えない、己の世界だけに引きこもっている……これらを決して「暗い」とは言わない。

「暗い」とは、造物主への畏怖があり、従って己の卑小さを知りながらも高ぶる情念を持て余して、謙譲ということではなくとも、おのずから言葉少ないときをもつ……ということだろう。

ネアカが押し入れの前で泣いているとすれば、ネクラもまた泣いている。

仲良くしようぜ、兄弟。

余談　リクルートが発行する情報誌のための経営者インタビューに出かけたときのこと。

筆者が、「社長は、声も大きく明るい人柄で評判ですが、会社の中にはネクラの人なんかも交じっていたほうがよいですよね」と、当然の肯定を予想した何げない問いかけ。いわゆるアゴを柔らかくする導入。

対してその社長、言下に、

「キミイ……それは駄目だよ。人間明るくなくちゃ。仕事の出来る奴はみんな明るいよ」と。

唖然《あぜん》とした筆者はその後、その会社の商品（嗜好品飲料）を口にしないことにした。会社でその理由を公言して社内公認になった。今でも一切口にしていない。やんぬるかな。

〈感想文〉オシャベリ・メガネマル（スタッフ一筋、20年弱）

令和五年の秋。「人的資本」という言葉とともに、この先の組織の在り方をめぐって、さまざまな議論が交わされている。

そうした議論におけるさまざまな問いかけに対し、最も大事で外してはいけない大前提を、たった九文字のこの言葉が、投げかけてくれているような気がしてならない。

「暗い奴は暗く生きろ」。

例えば、「一人ひとりの在り方を尊重しよう」、「お互いの強みを持ち寄って活かし合おう」というような言葉がよく聞かれる。

いずれも、ポジティブな雰囲気。その言葉の額面通りの内容には、何ら異論をはさむところもない。ただ、なんとなく、どこか何かが足りないような気もする。

一方、この本のタイトルでもある「暗い奴は暗く生きろ」という言葉。

一聴すると、パンっと投げつけられるような語感。

本稿を読み、この言葉が、どの場面でどういう相手に発せられた言葉であるかがわかれば、その突き放されるような印象とは真逆で、人間という〝面倒な〟生き物を肯定する力強い「救い」の言葉であることがわかる。

日常の現実世界では、人は、自分自身や対面する相手のことを、〈明るい／暗い〉、〈大胆／堅実〉、〈外向／内向〉という、相反する特徴のどちらかに分類して把握したがりがちかもしれない。それはきっと、そうして自分が理解しやすい認識の型に分類して収めこんでしまう方が、はるかに単純で楽だからだろう。

本来人間は、明るい／暗い、強み／弱みのような二元論でどちらか一方に特徴づけられるような単純な存在ではないはず。どの人も、人は、ある時は明るく、ある時は暗い。本当は、自分という存在は、そうして〈どちらも〉が混ざり合った状態であるはずなのに、〈どちらか〉に分類して把握したがる現実世界のフレームの力。それは、時や場合によってはかなり強力に〈どちらか〉に収まるように迫ってくる。この圧の前に、自分という存在を〈どちらか〉に収め込んでしまい、本来、自分（や相手）が持っているかもしれないもう一方の可能性を、意識的であれ無意識的であれ、必死で周囲にバレないように振舞ったり、目も向けないようにしたりということも、決して少なくはないはずだ。

「暗い奴は暗く生きろ」。

この言葉は、自分という存在に対してそうした不安を感じつつも、それを隠しておかなければと思わされるようなシーンに身を置く人に対して、「そんな種類の無理はしなくていいぞ」と解放の救いを向けるように発せられた言葉である。

「人間」という存在に対して、まず、「ありのまま」を捉えてやろうではないかという大きな構え。そして、〝そんなもんだよね〟という明るく爽やかで気持ちいい諦観の言葉。

なるほど、最近活発な「人的資本」をめぐる議論に、何か足りないピースがあるような感覚を抱いてしまうのは、「すべては、人間の現実をあるがままにとらえ、それを受け入れることから始まる」という大前提がセットに語られていないことも多いからなのだと、腹落ちする。

「暗い奴は暗く生きろ」。

三十五年前に語られたこの言葉。この言葉とこの言葉が意味するところを、次代にも繋ぎつつ、自分が関わる組織運営での実践でも活かしていきたいと、強く思う。

そして（さらに欲を言えば）、こうして時を越えて変わることなく通用する真理を言い当てるような言葉を、自らも紡ぐことができる者でいつかはあれるよう、日々、努力を重ねていきたいと思う。

（了）

だったら、俺を捨てていけ

これは、ごくたまにしか使わなかった言葉だ。

優秀な部下との意見の違い。路線をめぐっての論争。確かに彼の言い分にも理がある。しかし、自分の考えも悪くはない。だが説得しきれない。相手が一筋縄ではいかない人物だから。

ここでいちばんマズイのは路線対立したままで組織が動くことだ。そこで窮余の策。文字どおりの捨て身のセリフ。

「お前がそこまで言うなら、俺を捨てていけ」

この言葉でようやく部下が妥協してくれる。ぎりぎりの一致点を探して前進開始となる。

筆者は時折「三角形の二辺は一辺より短い」などと言っていた。これは、経営においては意思決定と行動のスピードが大切なので、最善らしい方針の検討にだらだらと時間を使うよりはともかく走り出して、カーブは大胆に曲がって目的に達するほうがよい、という程度の意味である。リクルートの風土言語〝戦略より戦闘〟（別項）も同義である。正しい戦略が立てられる地点までは情報収集を兼ねて、ともかく走る、登るということ。

大切なのは組織の心理的共闘感だ。〝ともに戦う〟という高揚感こそが組織力を高める。

ともあれ捨て身の言葉で部下が心を決めて動きだせば、筆者の場合、あとは寝ているだけだった。各論の仕事は優秀な部下がみんなやってくれたから。実際によくソファに寝転びながら考えた。

「自分の給料は、どうみてもこの部下の人たちによってもたらされているんだな」と。

しかし、それを口に出すことはなく、ただ寝ていた。

肉体が精神を裏切る

この言葉、それを発した初期の一九七二年（昭和四十七年、筆者三十歳の頃）には、悪用した。

二日酔いで休んでしまった翌日などに、「昨日は、精神はぜひとも出社したかったのに、肉体に裏切られた。肉体の奴が……」

周囲はどんな顔つきだったのだろうか。

後に少しはまっとうに解説するようになる。曰く、よく〝精神一到何事か成らざらん〟（朱子語録）などと言うがあれはウソ。例えば大事のときにどんなに気合を入れて事に臨んでも、立ちくらみとかしたらそれでオシマイ。

さらにあの恵林寺の快川紹喜《かいせんじょうき》が信長に攻められ火をかけられたときに言ったといわれる「心頭滅却すれば火も自ら涼し」という物言いも怪しい。高僧の精神世界には凡人の窺い知れぬものがあるとしてもである。

ともかく我ら凡百にとっては、貧血ひとつで倒れ込むし、火は当然熱い。どだい熱風にあおられているときに、心頭滅却など出来はすまい。さすれば、体調が悪い人間に「お前は気合が入っとらん」とかいう説教も、ときに無意味である。

そうであるから精神性をいう前にまず肉体。健康管理こそがビジネスマンの大切なセルフマネジメントなのだ。精神が裏切られないようにするために。思えば、健全な肉体に健全な精神が宿ると言うではないか。……こういうふうに説いた。

ま、そういう当たり前のことを「裏切る」という語を使って表現した言葉ではあるが、実はこれでおしまいではない。

精神が健全であることこそが何にも優って大切なことだろうという思いがある。ここまで書いてきた「健全な肉体こそ」とは一見逆な思惟である。凡人にも精神性は要るのだ。健全な精神こそが快適な睡眠を含めた快適な日常を保証してくれるものだからである。つまり健全な肉体への欠くべからざるビタミンが、健全な精神なのだ。

思えば、病《やまい》は気からともいう。心・技・体という言葉もある。では我らはいかにこの問題をとらえるのが妥当なのか。肉体が先か精神こそ先決か。うむ、ぐるぐる回って筆者には答えが出ない。それでも未練たらしく繰り返す。

我らの日常においては、肉体が精神を裏切る。

管理職はその能力を示す前に、まず覚悟を示せ

これは昇進した部下にあるとき贈った言葉。言った当人である筆者は長らく忘れていたが、あるとき彼と飲んだ際に「イクさんの言葉、今も胸に置いています」という挨拶を受けた。「はじめに」で触れたその気にさせられた出来事のひとつ。

彼のセリフを聞いて、喜んだか、舞い上がったか、仰天したか、そんな気分。

この例は必ずしも外交辞令でなく、実際に彼は自分自身に対しても、部下の管理職に贈る言葉としても、長く活用しているらしい。覚悟が大事だと。

確かに、例えば新任管理職が自分の能力をひけらかす振る舞いをしても、その効き目は短いし限界がある。「会社員が務まるような人間の能力はさしたる差が無い」が筆者の持論。

能力勝負は本人が期待するほどの効果は無いのだ。少なくとも筆者の場合はそうだった。なにしろどう主観的に見ても、あまたの部下の方が優秀だったから。さすれば上司

としてやれることはひとつだけ。組織と摩擦が生じたときの覚悟を示すのみ。

このことは一見颯爽とした風情だが、さにあらず。自分ひとりが奮闘するよりも、組織全員がその気になってくれる状態のほうが「組織最大力」が大きいというわかりやすい思惟である。ただ「覚悟」はコンビニでは売っていないだけだ。

さて余談だが、覚悟の言葉をプレゼントした彼には、ついでに「時には狂え」とも言ったらしい。先般、彼からの追加の挨拶で「最近、少し狂えるようになりました」と。役員である彼が狂っているのか、「大丈夫か、会社は？」は冗談だが、言葉には一定の力があることを、それこそ覚悟して発しなければならない、という顛末。

〈感想文〉とあるAIスタートアップ企業の人事部長　41歳　女性

管理職になり十年目の今日。何度この言葉に支えられたか分かりません。

管理職としてのスタートは、新卒採用のマネージャー。

なぜ私がこの重責を担うことになったのか、覚悟もないまま機会をいただいたこと、今は感謝でしかないですが、当時は毎日が苦しかったです。

私が採用責任者ではないほうが、この会社、メンバーにとっていいのではないか、そんなネガティブな気持ちでいっぱいの半面、採用責任者になったことに舞い上がり、「自分」の能力や結果を認められることばかりに気がとられ、周りの意見と向き合わず、できる風を鎧のようにまといながらかっこ悪い日々を過ごしていました。

本当は、自信がない自分に押しつぶされるギリギリの状況……

そんな時に出会った言葉が「管理職はその能力を示す前に、まず覚悟を示せ」でした。
この言葉と出会ったとき、「ああ、私は自分の能力が人と比べてどうかということばかりに気がとられ、自身のミッションにも、チーム、メンバーの成長どれに対しても覚悟を持てていないこと、それが故に苦しかったんだ」ということに気づかせてもらいました。

『自分を守りたい』

その気持ちを手放し、自分の役割や本当に自身が成し遂げたいことに覚悟を持とう。そう思えるようになってからは、たいていのことはチームとともに乗り越えられるようになり、それが喜びに変わりました。

著者が、当時のメンバーにこのメッセージを贈ったように、私も上司からこのメッセージを贈ってもらったことで、今の自分がいます。

この言葉のご縁が長く続くよう、私自身も、新人管理職の方々にこの言葉を繋げていくことを生嶋さんに約束します。心からの感謝を込めて……

（了）

評論家の一％は凄い

（飲んでいるときなどに、次の話題へのちょいとした間、での話）

評論家の九九％は、その対象相手がいなければ、とりわけ舌鋒鋭く迫るその対象がなければまったく無用の、無意味の存在になる生業。

これは無人島に十人で流れ着けば、すぐわかる。そうでなくとも、農場などで合宿生活をすれば、単なる「うざったい奴」であることがすぐわかる。その自覚が全く無いような評論家なる職種名の人たちがテレビなどでかまびすしい。

「これは以前にも私が指摘したことですが……」と得々と。つまりなんら影響力が無かったわけですね。

一方で経営者が、建設的な反論なり反対提言を「これだから評論家は困る」とか排撃するのも問題、というか駄目、愚かなり。提言と評論とは違うんだけど……。いや、正当な人によってなされる「評論」という言葉が泣いているというか。

つまり我々は、自らは出来もしない、やる気も無い安全地帯でただほざくか、己がおもむく気概でモノを言うのか、そこを正しくわきまえておきたいということ。そうでないと、映画『ダイ・ハード』のラストでぶんなぐられるテレビレポーターみたいになっちゃうしな。そして、そういう常人にとっての当たり前を圧倒的に超えて、ただただ凄い、美しい、力強い「評論」というものが存在する。

「小林秀雄の『モオツァルト』とか、『無常といふ事』の実朝、読んだかい」

あの実朝の歌の解釈ね……。実は高校のとき、先生の質問に答えたボクの感想が、「『君、それは小林秀雄と同じじゃないか』と言われたことがあって……」

この最後のセリフを自慢げに言うために、しゃべっている。喧騒の酒場で。

士は己を知る者の為に死す

（士為知己者死『史記』「刺客伝」司馬遷）

数年前に観た映画『踊る大捜査線 THE MOVIE2　レインボーブリッジを封鎖せよ！』で、思わず「我が意を得たり」と言いたくなる場面があった。犯人が湾岸署の青島刑事（織田裕二）に叫ぶ。「組織なんか人をスポイルするだけだ。組織にいるから人間が駄目になるんだ！」と。青島刑事が笑顔を浮かべて返す。「組織も捨てたもんじゃないぜ。上司が良ければな」

そして事件解決後に、その上司の管理官に言う。

「シビレるような命令、ありがとうございました！」

青島を信じて組織の軋轢《あつれき》から身体を張って守ってくれ、その能力を信じてゴーサインを出してくれた上司への、心からの感謝であった。〝士為知己者死〟という有名な言葉を解説するに、上記の映画のシーン以上に付け加えることはほとんど無い。

自分を正しく理解し、正しく叱責し励ましてもくれる上司こそが、そういう組織長だけが組織に命を与える。関係を揺るぎないものにする。文字どおり命がけの関係であったローマの百人隊長を持ち出すまでもあるまい。

秋山小兵衛に対し、十手持ちの四谷の弥七が言う。

「先生のためなら泥棒だってしますぜ」

小兵衛の目は早くもかすかに潤んでいる。「御用をあずかる身で、おまえ、そこまで……」（『剣客商売』池波正太郎、新潮社）

筆者は〝士は己を知る者の為に死す〟という言葉がいかなる組織管理論も超越して存在していると、常々多少感傷的に考えるものである。人間が人間である限り、感情に生きる我らである限り、心によって数々の偉業をなしてきた人類である限り……と胸いっぱいの感傷を込めて、士は己を知る者の為に死す。

〈感想文〉20代・企業人事。人があるがままに生きられる組織風土の探究を行う。

「自分の真価を認めてくれる人のために命すら投げ打つ」という史記の言葉を、人・組織の文脈に位置付けた生嶋語録。

本文に「いかなる組織管理論も超越して存在している」とある通り、この言葉はあるべき組織風土の本質を衝いていると感動しました。

私がこのことを初めて体感したのは、悩んだ末に、ファーストキャリアを歩むことを決めた会社の採用担当との度重なる面談でした。

当初、具体的な仕事や配属などの諸条件を比較検討するため、「会社や仕事がどうか」を情報収集しようとしていた私に対し、その採用担当は、情報提供はそこそこにむしろ「私が何者なのか。何を大事に決断するのか」を問いかけ続けてきました。

キャリアの選択として、得られる成長・市場価値・周囲からの評価等で考えたら他にも魅力的な選択肢はあったかもしれません。この問いかけが採用活動の手の内であることも薄々感じていました。

しかし、私がどんな人間かを知ろうとするその採用担当のあまりの執念には、「一層のこと、こんな人への向き合い方の背景にある組織風土、人間関係の在りようをもっと知ってみたい。例えキャリアの選択としては不完全でも、人生で心から探求したいテーマが見つかるかもしれない」と思わせるものがありました。それが入社の決め手です。

私をとことん知ろうとするその姿勢に触れて、最初に情報収集をしていた時には思ってもみなかった決断をしていました。

入社以降も、この言葉の真髄を実感します。多くの人が語る仕事のターニングポイントとして、〝悩んでいた時、誰よりも自分のことを知る上司や同僚の言葉がきっかけで覚悟が決まった〟というエピソードには枚挙に暇がないからです。

真の理解者が発する「あなたが心から大事にしていることはこういうことなんじゃない？　本当はどうしたいの？」というメッセージは理屈を超えて心に響き、今は気づきもしない自分がいるかもしれないという自己解放の予感に力が湧く。

だから、それまでとは違う決断をしてしまうのかもしれません。

本書を拝読し、リクルートはこの言葉に表されるような人間観によって、異質で多様な個性が存分に生かされることで、事業と組織が発展してきたのだと感じました。

そんな組織や人間関係を増やしたい。

人があるがままに生きられる組織風土はどのように育めるだろうか。それが今の私の人生で探求したいテーマです。

（了）

正しき時も、誤てる時も我が祖国

アメリカの海軍提督の言葉。

翻訳ものの エンターテインメント（クライブ・カッスラーだったか）を読んでいて見つけた。挿話としてさりげなく紹介されていたのだが、一瞬、本のストーリーを忘れてこの言葉に衝撃的な感銘を受けた。

ひとつはこの言い方が示している精神の強さ。通常我々は、国家であれなにがしかの組織であれ、それが自分を正しく抱擁してくれている時には愛着を持つものの、自分に適正でない時にはいささか反感をもったり恨んだりもする。それが「誤てる時も我が祖国」なのだ。清冽。

ふたつ目の感慨は、「我が祖国」と衒《てら》いもなく言える心。当方はといえば「祖国」という言葉をほとんど使ってこなかった日々を想起する。五輪で日の丸を見る時（最近ではWBCでイチローが身にまとった国旗を見た時）、ニッポンという音は浮かぶし、日本人である喜びも感じる。それでも「我が祖国」という言葉までには至らない。無様《ぶざま》、もしくは無念。

そういう当方の慚愧《ざんき》な思いをよそに、この提督はすんなりとかつ決然と、

「正しき時も、誤てる時も我が祖国」

この言葉に感激した筆者は、その後、夜の新橋の焼き鳥屋などでリクルートの後輩の誰彼となく披露した。

「正しき時も、誤てる時も我がリクルート、そういう精神はなかなか持ち得ないよな」換骨奪胎《かんこつだったい》ともいえぬ誤用かもしれない。しかし、その場がしばし静かになることでこの提督への敬意は示せたと思う。繰り返す。

「正しき時も、誤てる時も我が祖国。では諸君、乾杯」

もしそういう乾杯の挨拶だったとしたら、その簡潔さ、込められた思念の清冽さ、そしておそらく口元に浮かんだであろう微笑を思うとき、この提督を上司にもった軍人たちの目の輝きを想像して余りある。

被ガバナンス能力　君はそうなるな

Governance（名詞）管理、支配、統治
governable（形容詞）従順な、御しやすい

ある部の部長としての異動があった筆者の前に、その組織にいわくつきの問題児が現れた。潜在能力は高いのだろうが、ともかく一歩を踏み出す前に、とことん上司に噛みつくタイプ。人の話をよく聞いていないということでも評判の人物だった。そこで彼をひとり呼んでの説教。

「君は人に使われる能力が低い。被ガバナンス。統治される能力、それが決定的に欠けている」

なぜかこの言い方は効き目があった。能力があると自負する人間には、その気質や振る舞いをとがめるよりも「能力が無い」という表現のほうが効くということなのか。こうして生嶋語録に加わったこの言葉「被ガバナンス能力」は、とりわけ「上司が悪く

て」と嘆く人たちに伝えられていった。原稿で、会話で。

「上司の特性や資質をうまく捉えて利用する。欠点はカバーする。そういう統治される能力というものも必要なのだ。それでもどうしても上司が悪かったら、その悪さをとことん見つめて言語化せよ。そして君がやがて管理職になったとき、君はそうなるな」

この「君はそうなるな」もよく発信した。

言われた当人の納得の度合いがいかほどであるかを知らないが、ともかくどうしようもない上司への対処法としては、それ以上の言葉を思いつかない。

下世話にいう悪い上司というのは、一般に人事のミスでもなく（そんなことが多発しているはずがない）、本人の資質のせいでもなく、組織の成長と変化に当人がついていけなかった結果だと考えられる。しからば、当人を責めるのは無理がある。今さら教育でもあるまい。投資効果が悪すぎる——会社というゲームの世界では。言葉どおりの反面教師という存在。そこで言う。

「君は、そうなるな」と。

世に必読書というものは無い

本を読まないことを自慢にしている人間は困りものだ。それが謙遜でなく本気であるならば。なぜかを言う必要もなかろう。酒場での同席を遠慮する。

一方で、あれも読まねばこれも読まねばと、追い詰められたように本を買う社員がいる。とりわけそれがビジネス書だと、筆者の皮肉の虫がうずく。

「世に必読書というものは無い。なぜなら、必読書といわれるほどの立派な本を書いたその人物は、その必読書を読まずして（当然だ、自分が書くまでその本は存在しなかったのだから）、その本を書き得た。そういう立派な人になれたわけだ。さすれば、世に必読書というものは無い。読書に追い詰められるなかれ」

さしたる深みもない弁証。

今ならもっと平明に、「読みたい本を読めばよい。たくさん読めばよい。何を読みたいかがわかるまでは他人の声を聞けばよい」と言える。しかして筆者は最近、無為の読書がとても楽しい。明日無き年の功。

捨てよ、盥《たらい》の水だけどね

捨てることが出来るから、新たな拾いものも出来る、という提示だ。あれこれ欲張って悩んでいる社員との会話。上司の評価も、部下の評判も、家庭の安寧も、とかいろいろ抱えてさらにほかの欲も。当然、無理がきて総崩れ直前になる。

「部屋の整理でも、余分なものはゴミとして捨てないと、次のものは入らない。同じ。何かを捨てよ。一番欲しいものを考えて、あとは捨てよ」

これは、歴代宰相の師と仰がれた陽明学の安岡正篤先生がN首相に諭したという言葉に啓発されている思念。曰く、

「あなたは、盥の水を引き寄せようとばかりし過ぎるから、水がみな手から逃げていく。一度、水を誰かに差し上げるつもりで、向こうに押してごらんなさい。どうです、水はあなたの手元に還ってくるでしょう」

感銘した。言葉は難しくない。

そういえば、「自分が、自分がと〝いのち根性〟に汚い人間は、人が離れていくばかりでなく、運も逃げていく」という言い方も別に読んだこともあった。

いずれにせよ「捨てる」は、少しずつ筆者と社員の命題として膨らんでいった。最近は時折の人生相談まがいの会話の際、次のように話す。「捨てる」という少し恐ろしい言葉を使っていくばくかの会話をした後に、「自分は何者でありたいかを考えよ」と説く。心は、自分が最も気持ちの良い誉め言葉を探して、それに向かって物事の選択をしてゆくのがよいということ。我ら凡人にとっては、まぎれもなく己《おのれ》の好むところこそが能力でもあるからだ。

さて、そういう凡人の気楽さに比して、その斯界《しかい》を創造主に託されたが故《ゆえ》に好みという精神世界に全く無縁の、天才の境地や、思うべし。

ビジネスマンは、這っても電話

自身の会社員としての態度はけっこう自堕落だったのに、管理職としての発言はごく普通に規律的だったりもした。

一例に「ビジネスマンは這っても電話」。正しく早い連絡の要請。ともかく二日酔いでも出てこい、とも。

「ただし……」と続く。

このただし以下を、ちょっと印象的に記憶している社員がいる。

「ただし、会社に来たくない理由が、体調不良とか上司への不満とかのマイナス言語でなく、もっと楽しいことがあるからというプラス言語で説明出来るなら、出社しなくてよろしい」

山陰でのロックコンサートが明日まで続くとか、遠方から上京してきた小学校の同級生との会話が終わらないとか、そんな理由でもよかったのだが、ついに「プラス言語」

で欠勤ＯＫを取る社員は現れなかった。普通。
なべて世は、事も無し。……ロバート・ブラウニングに失礼か。

善人なおもて往生を遂ぐ、いわんや悪人をや
罪無き者まず石を投げ打て

これらは社内報の原稿などで登場させた言葉。語感の重さがあるので、さすがに飲み会では使わない。酔漢にこんな言葉を叫んでも混乱を深めるばかりだろう。

さて前者は親鸞『歎異抄』の教えだが、最初にこの言葉に出合った時は、この「悪人」をいわゆる犯罪者などの悪人だと思った。その理解のままこの言葉に接すると頭が混乱する。そして自己流の解釈。

「犯罪を犯す悪人にはそうせざるを得なかった哀しさがあるということなのか。一方善人は、その善人でいられた人生に苦衷が少ない。ならば哀しさを観た悪人こそ往生させてやる」そう言い切れる親鸞の胆力が凄い。

こういう中途半端な解釈だから、この言葉を稿に登場させても深く解説することはせず、「また同時に次のような言葉もある。〝罪無き者、まず石を投げ打て〟（ヨハネによ

る福音書）がそれだ」と勝手な展開の原稿になっていた。

他人の非を一方的にあげつらうのはやめよう。俺たちは仲間じゃないか、という趣旨の原稿なのだが、これでは読まされた方がいい迷惑だったろう。

後《のち》に知る。この〝悪人〟というのは「犯罪者」の謂《い》いでは全く無い。如来に対面し人間の（自己の）原罪を自覚した者の謂いである。自らの内なる悪心の自覚が故に、正しい意味での「他力本願」を願う人のことである。善人はそういう精神世界が無い輩《やから》のことであった。

それでこそ「善人なおもて……」はぴったりくる。

余談だが、人間の原罪を現実的に考えさせられたのは『美味《おい》しんぼ』という漫画である。

人間は他の生き物（生物を含めた生き物）の命をいただくことによって生きている云々というシーンによって……。

逆に言えば、筆者が自覚する原罪は、それまで全くの言語的観念でしかなかったということだろうか。今なおそれを超えていない気がする。

親鸞の言葉に対する理解が進んでみると、まさに、罪無き者、まず石を投げ打てと言われている思いで、説諭調の原稿はとても書けるものではなくなった。

代わって「他力本願」が語録に登場する。これも巷の誤解の多い言葉だ。誤解が横行した結果『広辞苑』でも本来の意味のほかに「②転じて、もっぱら他人の力をあてにすること」と記載されている。本位は「①阿弥陀仏の本願。また衆生がそれに頼って成仏を願うこと」。

筆者はこの本意を拡大解釈している。

人は多くの他力、他人の愛とか思いやりによって生かされている。自力だけで何でも事をなしてきた、これからもそうだ……というのは間違い。人は多くの他力によってこその今なのだ、という思い。

このように考えると、いや「人は多くの他人によって生かされている」とつぶやいてみると、全く脈絡なく、世の中の霧がすーっと晴れていく。他力本願という言葉をセラピスト辞典なるものでもあれば入れてほしい思いがする。

ともあれ、すっかり「他力本願」が気に入ってしまって、結婚式の挨拶などでよく使った。

「……そういうわけで新郎新婦は、父母や上司、先輩、友人といった多くの人たちに支えられての今日の慶事なのですから、今後も正しい意味での他力本願の思いを忘れずに……」

披露宴の後で、「イクさん、あの話は感銘しました。他力本願ってそういう意味だったんですね」と挨拶を受け、得意顔の筆者がいる。

これらの言葉の深さに比べて、単に〝言語野郎〟の自分がいる。

それでもさしたる反省もせず、今これを書いている自分がいる。

ガテン度数

「ガテン度数が低い人は、頭を低くしていなければいけない。それが本来だよ」
そういう会話。以下説明する。

リクルートの発行する求人雑誌のひとつに『ガテン』というのがある。「手に職」で働く人のための本、いわば職人さん情報誌である。

この世は職人さん無しには成り立たない。いわゆる第三次、第四次産業が幅を利かせる現代ではあるが、それらは第一次、第二次産業が健在でこその業態である。

唐突だが、絶海の孤島に銀行と証券会社とテレビ局と新聞社と広告代理店とリクルートの人間が群れ集まったとして、やれることは何も無い。国会議員がいても同じ。商社マンもまたしかり。

まずは農水産や工業の「手に職」を持っている人がその技を発揮して、生きることが始まるわけだ。自明。

一方で近代、それら手に職の人たちが創った社会をうまく利用する生業の人たちが、なぜか高給取りとなり、かつその高給が何かの錯覚を呼んでいる。大学卒業直後のクラス会などで、それら高給取りが大はしゃぎし、技術を愛して中堅メーカーに就職した者は静かにしているのみとの、たとえ話も聞く。

これはいかんぞ、とある日思い立つ。そこで『ガテン』の担当役員との冒頭の会話に至る。

「このガテン度数（手に職があるかないか度数）という言葉を世に広めたいね。そしてこの度数の低い者は、我々リクルートの人間も含めて〝頭を低くして生きる〟という姿勢。そう、さあらば、国会議員も評論家も銀行員もマスコミも〝自分たちだけでは商売が成り立たない〟自覚のもとで頭が低くなり、世の中がまともになる感じがするけど、どうだい」

調子に乗って会話は展開する。先に述べた例示。

「もし無人島に銀行員と評論家だけが漂着したら面白いよね。金を貸すにせよ、評論するにせよ、お互い同士じゃシラけるだろうね。あっはは。いやこれはリクルートが交じっても同じなんだよ。相手がいないからね。広告効果がどうのこうのと言ってもね」

閑話は休題。

このガテン度数なる造語で言わんとした精神、他企業に言及する僣越《せんえつ》は避けるとして、リクルートの人たちにはぜひ時折思い起こしてほしいと願うものである。

Follow Your Heart の〝Your〟、自分たちよりも間違いなく地道な生活人がいることをはっきり自覚していることによってのみ、この言葉は力を持つ。

補記 リクルートが技術系採用を活発化させた初期、東京工業大学の学生を自由応募で大量採用したことがあった。学部卒からの採用のトップ企業になったことさえある。同大学の教授のどなたかが怒った。

「リクルートに入るなんて税金の無駄使いだ」

当時、採用担当でもあった筆者はそれを聞いても苦笑しているだけだった。

「縁のあるメーカーへ学生を回せず、顔が潰《つぶ》れた故の八つ当たりだろうよ」と。

しかし、この稿の〝ガテン度数〟を思いついた頃から、筆者の感想は変化した。採用人数云々の話は差し置くとしても、メーカーが元気でなければ日本は元気になれない、という確信である。

教授の方のお怒りの根源が、今は理解できます。

天才は技をなす、しかして我らはパトロンなり

進路を迷う後輩がいる。もっと根源的に生き方に悩む後輩がいる。それらの思いのいくつかは、自分はちっぽけな人間だ、という正しい感覚からきていることがある。

そこで問答する。

「我ら凡人は、生きて死んで、悠久の時空絵図のなかの〝一枚のタイル〟のごとく収まる。

それ故に、自分の心にかなった、あるいは心のおもむくままに、どんな生き方をしてもよいのだ。非凡な人生を夢見ることは今や無用である。〝自分が何ものでありたいか〟、それだけをしっかり考えよう」

「天才はそういう自在な人生を許されていない。神がある技をなさせるべく送り込んでいるのだから。例えばモーツァルトが、ある日急に『今日からは楽器作りの木工所で働きたい』とか言っても許される業ではない。天才は使命を帯びて技をなす。なすために

生きていく」

「さて、一枚のタイル組の我々は、天才のパトロンになることによって彼らの応援団となる。現在においてはパトロンになるのに、例えばウィーンの王侯である必要がない。一枚のCDを買うことも、あるスポーツゲームを見に行くことも、いやテレビで見るという行為さえ、ささやかなパトロンを演じているのである」

「天才がいてくれたことに心から感謝しつつ、我らは願わくば汚れなき一枚のタイルを目指し、そして、天才は技をなす。それが普遍」


こんな話をした後で飲みに出る。ちっぽけでもいいか……と少し気が晴れる。ネオンがまぶしい。そして仕事のこまごました各論の話の合間に、モーツァルトや、カエサルや、一転、イチローや将棋の羽生の話題になる。夜が更ける。

（追記　二〇二四年の今なら、話題はイチローさんや羽生さんにかわって大谷翔平選手と藤井聡太八冠のことになろう。やはり、夜は更ける。）

世界課長ランキング

これはよく新任の課長に贈った言葉。課長になって、少し偉くなったと誤解することのないように説く。

「世界課長ランキングというものがある。君はザンビアの某課長の次で、三一二〇万四九八七番。下にはアメリカのA課長。ま、そんなものだから」

この物言いがけっこう受けた。

課長だけでなく、部長も役員も社長さえも、ま、そんなものだろう。だからと言って、偉ぶらずに全力投球の人は、どの立場であれ美しい。

群れない。イチローの言葉から

あのイチローが語っている。

「第三者の評価を意識した生き方はしたくありません。自分が納得した生き方をしたいです」そして次のようにも言う。「究極の下の人も、究極の上の人も、なりふりかまわないで、自分の行きたい道を進むことができます」（その間にいる人が、ゴマを擦りながらどっちつかず、なのです）。（『夢をつかむ　イチロー262のメッセージ』ぴあ）

この言葉から筆者が感じ取ったのは「群れない」という精神。標準とか平均とかを追わない心のあり様《よう》である。自分で決める自分の色。

さてそこで某社で「会社が楽しくなるヒント」という連載をしたとき次のように書いた。

1．「群れない」覚悟をする。そう決めた自分をいとおしく思う。

2．唐突だが、あなたのメル友の八割といったんオサラバする。孤独になる。

3．目の前の仕事に自分なりの全力を尽くす。悪上司がいようがやる。黙ってひと月。さて、しばらくすると、あなたの隣に本当の仕事仲間が立っているのに気づく。閉塞した雲が晴れて青空が見えてくる。「楽しい」への第一歩を踏み出すわけだ。

この原稿のラストはいささかハッピーエンドに過ぎるのだが、それは置いて、まことに「群れない」心を思う。たくさんのメル友と、愚痴の交換で時間を潰すのはあまりにも惜しい。そこで改めて言わせていただく。

「あなたのメル友やお気に入りのブログと、いったんオサラバしよう。孤独になろう。それが出来れば、本当に寂しい夜、心許せる友達からメールが届く」

日本で最も威厳の無い役員を目指す

これは筆者が役員就任時に、社内向けに言ったセリフ。
単なるケレンだったかもしれない

ハリウッドのB級映画を観ろ

ここでいう「B級」とは作品の質のことではない。アカデミー賞狙いの大作でなく純粋に娯楽としての完成度を目指した作品のことである。古いところでは『スティング』（一九七四年日本公開）のような作品。

中途入社の社員などに、なぜか飲み会などで訓令した。

「映画『リーサル・ウェポン』（一九八七年）をともかく観ろ。そして、感想をください」

単なる押し付けではあるが、彼らはともかくビデオを借りて観て感想をくれた。そして感想を話し合う過程で、僕と彼の距離が（とりわけ彼にとって）ぐっと縮まったという功もあるのだが、それは付け足しである。

映画を観ながら感じる「人生の哀歓」や「友情の強さ」そして何よりも「やるべき時はやる」という行動力といったものを彼に感じてほしかったというのが根底にある。

いや、違うか。

「会社組織というものに対し、あなたが身につけてきた〝がんじがらめ〟感覚を捨ててしまえば、あの主人公みたいに……。」

そういうメッセージだった。

哲学の課題

「〝ある答えが不可能であると洞察したからといって、そのためにこの答えの遂行が妨げられるものではないということ、そして問いが論理的に不可能であるにも拘わらず、人間のうちの何かが答えを強制するということ、このことは問いとその答えとの根拠がすべての洞察より深いところにあることを示している〟。

これはヤスパースの言葉である。『哲学の課題』樫山欽四郎（講談社）」

右記そのままをメールでリクルートの何人かに送信したことがあった。そして次のように続けた。

「これは『存在とは何か』とか『人間とは何であるか』とかいう問いを話題にしているものではあるが、強引に牽強付会《けんきょうふかい》してみる。ある問いが発せられた時、そんなこと考えてもしょうがないよという洞察は、その問いよりは浅薄な存在だということである。たとえ無言でそれに答えないという答えであっても、その問いに向き合わねばならない。意義が答えられなければ意思を答える。俺はこれが好きだ、と。組織が歴史を紡ぐ時、そこには常に正しい言葉が必要なのだ」

返信メールがいくつか届いたが、当然、「わかりませーん」調のものであった。妥当。送信している筆者自体が、久しぶりに哲学の本を読んだ自慢げなお知らせでメールを出しているのだから、まともな回答をしないことが妥当なのである。

さて今、少しだけ続きを思う。

かつて筆者の新米新聞記者時代に、限定最終版にしか載せない「特ダネ」競争に疑問を抱いたことがある。必要なニュースならそれだけ広く早く伝えるべきではないのか、と。ところが「特ダネ」は早版交換される紙面には載せない。隠しておく。結果読めるのは都心のごく限られた読者だけになる。新人の疑念は今考えてもある意味妥当である。それらを込めて「無意味じゃないですか」とくってかかった新人に対して、飛んできた声はひと言。

「お前、それは、特ダネを書いてから言え」

黙って引き下がるしかなかった。

生意気な新人の問いに一発回答があった、という記憶の想起である。ヤスパースよ、こんな理解で許されたし。時々日常的でない世界に行くとしよう、言葉の世界でも遊びの世界でも。そんなことが言いたかったらしいのだが……。

青春はあるいっときに凝縮されている

サムエル・ウルマン（一八四〇～一九二四年）がその詩集『青春』で、「青春とは心のあり様《よう》のことである」というようなことを書いており（筆者は未読）、それがいろいろな機会に引用されて「気分は青春おじさん」があちこちにいるらしい。

ウルマンの詩そのものにケチをつける気はさらさら無いが、青春とは人生のある時期に、ほんのわずかな間に、まぶしく凝縮されている、と筆者は思うものである。

誰にとってもひとり一回、肉体的にも精神的にも「未来」が感じられるあるいっとき、ほとんど自覚なしに通過する、そのあるいっとき、振り返ればそこに過ぎ去った「青春」がある。

そういうものだから青春はまぶしい。輝いている。言葉にかすかな哀歓さえある。そういう普遍的理解があるところへウルマンの詩。

「いつでも心の持ちようで手に入る青春」が登場した。これ、すでに言語的矛盾。もしやその詩が中高年に対する激励であったとして、それに便乗した「いつでも青春おじさん」に筆者は苦笑するのみである。

飲みの席で上司のIさんとの会話。

「あれ（ウルマンの詩）、おかしいと思いませんか」

「そう、おかしいよね」

いろいろ感覚の差のあるふたりだが、これは一発共感。だからこの話題はすぐに終わった。

若い君に言っておく。放恣《ほうし》に時間を使う中で、君の青春は終わっている。二度と戻ってこない。だから青春は美しい。

君のこれまでの人生は、この新しい仕事をするためにあったのだ

これは人事異動で新しい任務についた人たちに贈った言葉。とりわけ、彼、彼女がこれまで組織の中でいささか不遇で、そんななか新しい配属先が提示されたようなとき、心を込めて話をした。

「これまで組織の中であなたが哀しみも見てきたとしたら、そのことも含めて、これからの仕事の役に立つ。いやむしろいろいろ多彩であった人生模様をもっていることこそが強みだともいえる。そう、君のこれまでの人生はまさにこの新しい仕事をするためにあったのだ」

ひとつの考え方。気持ちのあり様《よう》。

憲政の神様と呼ばれた咢堂・尾崎行雄（一八五八〜一九五四年）は、このような考え方を「我が思想」と名付けている。

これを知ったのは、ある雑誌で『咢堂自傳』という本の紹介があり（たしか「選択」だった）、その中でこの「思想」に触れているのを目にしたからである。以下のような内容だった。

〝晩年の咢堂は悩んでいた。己が心血を注いできた憲政の確立はいまだならず、自分のこれまでは無駄な日々ではなかったという思い。伊勢の秋色を愛でたある夜、眠りにつく時に天啓のごとく言葉が浮かんだという。「昨日までの自分の行いは、総て明日からの行いの準備行為にすぎない。そう心得ねばならぬ」という感慨である。そして「私はあえてこの考え方を〝思想〟と呼ぶ。この我が思想を思いついたことがその後の政治生活を確かなものとした」と自伝にある……〟（引用は記憶に頼っているので正確でない。その後『咢堂自傳』を求めようとしたが、いまだに果たせないでいる。尾崎行雄記念財団の出版案内にも見当たらず、Amazonでは『咢堂 尾崎行雄』という本を買ったが、この「思想」の記述には出合えなかった。従って筆者のこの言葉の知識は、いわば孫引きのままである）。

ともあれこの「思想」に至った時の咢堂は七十歳を迎えていたという。その事実に驚愕した。たしか四十歳直前で少しくたびれていた自身と引き比べ、なんという強靭さ、いや、しなやかさ。

七十歳のこの人がこの精神で明日を見つめられるのなら、我ら若造がうだうだしているのは許されんぞ、といった感慨である。

まことに精神とは素晴らしいものだと思う。

「これまでの自分の人生は、今日からのこの日々のためにすべてあったのだ」

そう思える人の前に広がる道は、明るい。たとえ苦難と哀切がありとても。

付記　この本の初版を読んだリクルートの後輩の永井義人《ながいよしひと》さんが『咢堂自傳』（昭和二十三年発行）を送ってくれました。奥様が探したとのこと。御礼です。

〈感想文〉人生を開き直って明るく進みだした還暦超えの現役サラリーマン

これは、人事異動で新しい任務に就いた人たちに贈られた言葉とのことだが、わたしはこの言葉を説明した章の最後にでてくる
「これまでの自分の人生は、今日からのこの日々のためにすべてあったのだ」
そう思える人の前に広がる道は、明るい。たとえ苦難と哀切がありとても……
この一説がとても気に入っている。特に、還暦を過ぎた今の方が魅せられている。

数年前、還暦を前に、「これから自分はどう生きていきたいのか、これまで自分は何をやってきたのか」というようなことを考え悶々としていた時期があった。周りの他人と自分を比べたり、あの時こうしていたらなんて思ってみたり……。
だが、過去のことを思い悩んでも答えには至らず、結局、開き直って「いろいろあったが、自分らしく楽しく生きていこう」と。

この過程を経てこの本を再度読み直したときに、冒頭の言葉が強く自分に刺さった。開き直った自分に「それでいいんだ」と言ってくれているような。これまでの自分の人生、あるいは、その人生を思い憂いていた自分も含めて「それでいいんだ」と言ってくれているような。そして、「これから先もいろいろあるだろうが、おまえは大丈夫だ。前に進んでいけるさ」と応援してくれているような、そんな言葉だと思えた。還暦を超え数年たったいま読み返してもそう思う。とてもありがたい言葉である。

さて、この本を読んでいる若い皆さん、中でも仕事で少なからず不遇の時を過ごしていると思っている方、

「君のこれまでの人生は、今日からのこの仕事をするためにあったのだ。」

という言葉を呟いてみよう。そして、そう思える人の前には、日々の成長と、さらなる大きな仕事が待っている。その仕事は、きっと楽しい。たとえ苦難と哀切がありとても、だ。

（了）

人生は「先楽後憂」である

これは言うまでもなく「先憂後楽」を裏返しにもじったもので、ある時期の筆者のまぎれもない感慨でもあった。社内報にそういう原稿を書いたりもした。

広辞苑によれば先憂後楽は、「(天下の安危について)人より先に憂え、人より後に楽しむこと。岳陽楼記」とある。天下人の心得である。これを世の大人が転用して次のように若者を諭すのが我らの時代の通例だった。曰く、

「若いときに苦労をしておけば、それが実になってあとから花が咲く。だから今はひたすら我慢して努力しなさい」

筆者は、この転用説教に疑念を感じたわけだ。三十歳代前半の頃。

「人生はどう考えても、子供の頃のほうが楽しかったなー。裸足で町を遊びまわり、帰ってご飯を食べてバタンと寝る。その繰り返しの日々。未来は漠然としたものながら可能性はいかようにも広がっていると思え、後に身につく〝社会性〟という枠概念も希

薄で、要するに心が解放されていた。いやそういう言語さえ無かった。伸びやかな日々。それに比べたら今は食うためでもある仕事があり、複雑な人間関係があり、何よりも自分の心に忌わしき〝世間的な知恵〟があり……。そう考えるとまことに人生は、先楽であり後半は憂いの日々だ。先楽後憂こそが人生の真実だ。子供にあの楽しき日々を提供するために順繰りに大人が働くのだ。そういえば〝はたらく〟を〝傍《はた》が楽になる〟とかいうが、この傍というのは子供のことだったのか」

こういう感慨である。

これを時折書いたりした筆者は、では社員に何を伝えたかったのだろうか。

「会社生活に多少の苦渋があろうとそれは当然なのだ。甘受せよ」か。

あるいは単に、自分の人生観が他人とはちょっと違うことを自慢げに披瀝したかっただけか。少なくとも初期はそうだった。社会的な知恵に過度に縛られるのはやめなさい、というメッセージを込めてはいたにせよ。

やがて「人生は漠然と生きれば後憂、そうであるならば、後が楽になるように今の自分を律せよ」と転用説教おじさんと同じ物言いに変化した時期を経て、やっと腑に落ちる結論に至る。それは「時の流れは如何なる人にも平等である。それぞれの人生のある年齢は皆等しくひとり一回きり」という思いとともにやってきた。そこで、もじり言葉の「先楽後憂」は「今という時間をどれだけいとおしく思えるか」というメッセージになった。

とりわけ、相対的に若い頃の時間は豊饒である。それに気が付かないほどに。そして、ほろ苦く〝あとの祭り〟を迎える。それが我ら凡俗の人生だというなら、うるさくは言うまい。

ただご隠居を自称する今、しかと見えてきたことがある。そして「先楽後憂」というもじり言葉はどうでもよくなって、次のようにつぶやく。

「年を重ねるということを、間違いなく楽しんでいる〝ごく少数〟の人たちがいる。彼らの心と身体を知りたいと思わないかい」


この稿を見直している時に、ヤクルトスワローズの古田敦也《ふるたあつや》監督（40）のインタビュー記事（『産経新聞』平成十八年四月二日付）を読んで、あっさり〝負け〟を悟った。

インタビューの中で古田さんは次のように話している。

「二十代はわからないことが多かったけど、三十代は本当に楽しかった。人との付き合い方や、物事に直面したとき、どう対処すればいいのかがよくわかった。三十代があんなに楽しかったのだから、四十代はもっともっと、楽しいことがあるんじゃないか。そんなふうに思うんだよね。華の四十代があってもいいじゃない」

この談話は、妙な造語を持ち出した揚げ句、それをぐだぐだ書いた筆者の稿に比べ、シンプルであっさりしていて、かつ力強い。ほのぼのしている中に意思を感じ取れる。まことにやわな言語が実在に及ばない好例であろう。

筆者は阪神ファンだが、古田応援団に改めて加入する次第。

そういえば、『剣客商売』の秋山小兵衛も言っていた。

「この歳になると、物事を決めるにあたって迷いというものが無い。すべてがすんなりと腑に落ちるようになるものじゃ」それが、まことに心地よい、のだそうである。

サラリーマンに頭の良い奴はいない

こういう言い方をすると不満な顔をする向きもいる。「頭の良い奴はいない」では語弊もあろうからと「サラリーマンに天才はいない」にしようかと日和《ひよ》ったこともあるが、それはあまりにも天才に失礼であろう。天才にはサラリーマンは絶対務まらないこと自明だから。

次のような解説付きでこの言葉を使う。

「一般社員なら三年、管理職なら一年、それを標準的に過ごすことが出来た人間は、ともかく〝普通の人〟である。それをきちんと自覚しよう」

さて、そういう普通の人同士で「頭の良し悪し」を競うのは、少なくとも一般的な会社では無意味である。いやむしろ「頭が良いという自認」は弊害でさえある。極々微差の（あってないような）頭の差などは、なんらの足しにもならない。必要なのは頭ではなく〝スタンス〟なのだ。スタンスの差こそが問題なのである。

ちなみに、頭が良いと自認するような者の考えた新規事業提案は、役員会を通らない。なぜか結局のところ説得力に欠けるから。一方あふれる思いを込めて提案された新規事業は採用される確率が高くなる。それは、提案に多少の欠点があろうと「彼のもとに集うメンバーがきっと事業を盛り立てていくだろう」と予感させるからである。

リクルートの採用方針は「良い子、強い子、元気な子」と表現される時代が長く続いたが、昭和六十年頃から「良い子、強い子、賢い子」になった。賢い子が必要な時代情勢になってきたからでもある。そして正しい意味で賢い子は貴重である。

しかしこの稿でいう「頭の良い」と「賢い」は一見似ているようで実は大差なのだ。会社組織というものはチームプレイの集積なのだから、他人を共感させられる確かな目線をもっているか否か、場が見えるか否か、それが差である。

ともかく我ら普通人は「頭の良い」というつまらぬ自認を捨ててしまうことによってこそ、見えるものが多くなると心得たい。

あなたは会社に所属していない。チームに所属している

これは、筆者が大きな組織の担当役員であった時の発見から生まれた言葉である。

営業期の始まりにキックオフミーティングというのを開催するのだが、それはまず部門全体で行い、次に各部長が自分主催で行い、最後には課ごとの会議と宴会になる。筆者は全体ミーティングの後に部ごとの会議でも話をし、ついでいくつかの「課の飲み会」にも顔を出す。このような、お座敷かけもち芸人のような一日が年に数回あった。

ここでの感慨。

「メンバーはどう見ても、課ごとになったときに顔つきが変わっている。参加感が顔に出ている。なるほどさすれば部門全体会議は担当役員の自分がもっとも満足している場で、部会は部長のための場、課という単位（おおむね十人前後）になって初めて〝ひとつのまとまり感〟がメンバーに感じられるということだ」

「思えば一般メンバーの会社生活は、課というチームの中での関係が大半だ。課長の良し悪しやチームのまとまり具合が、そのメンバーの会社充足感を左右しているのだ」

これが四十歳代の初めの発見。「全体会議におけるメンバーの側の感覚」をいやおうなく考えさせられる仕儀となった。自分が登壇していない時は最後尾で会議を聞いたりした結果、次のような思いが出来上がった。

「いかにして組織を鼓舞できるのか。ぶれない方針しかして拘泥しない変更。可能な限り第一線の人に光を。そして組織の明日へ向けて語る夢。これらを彼らに迎合しないでやれる気力。いずれも至難」組織長としてのそういう感慨。

さて、この表題の「あなたは会社に所属していない……」は、後にある企業の社内報で以下のような原稿としても書かれた。

「あなたは会社に所属していない。チームに所属している」

●転職希望者の声で圧倒的に多いのが「直属の上司との関係」にまつわる諸々《もろもろ》。上司の評価や指示への不満、チーム内の不協和音といったことだ。日ごろ遠い存在である社長への不満、全社の方針への不満だけで辞めたくなる人間はまずいない。極端に言えば、社長や経営方針が如何であれ「チームがひとつになっている」と感じられれば、人はやる気で生きていける。

●会社全体という漠たるものへの不満はこの際捨てて、チームへの不満へフォーカスする。三つくらい具体的に挙げる。「自分をもっと認めよ」「上司のマネジメントが悪い」とか独善的なものでもよい。具体的でさえあれば。

●次が難しい。入社半年以上の人はすべからく、チームの情況の悪さ（良さ）に自分も加担しているという自覚を持つというステップだから。「えー、なんで自分が……」と思うだろうが、しぶしぶでもそれを認めよ。

●自分もいつの間にか「反面教師」になっていたかも……という苦しい自覚なくして、チームの〝楽しさ〟はやって来ない。自分も当事者として参加する踊る阿呆こそが、あらまほしい道なのだ。わお。

こういう言われ方をメンバーがどう受け止めたのか定かではない。

リクルートの四十八期スタート（二〇〇六年四月）にあたり、社長の柏木斉さんから「メンバーの参加感こそ」というメッセージが発信されているが、受け止める側も覚悟が必要だろう。組織から参加の場が手厚く用意されたとしても、それに当事者としての責任を自覚して参加するのでなければ、それはやはり〝見物人〟にすぎない。

先に書いた「このチームの良し悪しに自分も加担している」ということに法外ともいえる自覚なくしては、チームプレーの一員になれないのだ。

ある日、心の壁を超えてみんながその境地になれたときのチームは、ものすごく楽しい。そして強い。

歴史の流れの中では国家さえ消滅する。いわんや企業をや

あのいわゆる「リクルート事件」のとき、筆者は急遽、広報担当役員に任じられた。騒乱の日々。深夜に自宅に帰ると、自宅前の路上にマスコミ各社の夜討ちの車がズラリの毎日。だんだん顔なじみになってくると、取材やりとりの合間に話題があれこれ飛ぶ。

そんな中である記者から問いかけがあった。

「生嶋さん、このままだとリクルートが潰《つぶ》れるということになりかねませんよ」と。

それに対する答えがこの言葉。

「そうかもしれませんね。ただ、歴史の流れの中では国家さえ消滅するものです。いわんや企業をやです。今回のことで潰れるなら、それはそこまでの企業だったということでしょう。うちのことよりおたくの会社の未来はどうなんですか」

最後に余計なことまで言っているが、これは当時の偽らざる心境だった。

後日、その記者から広報のスタッフに連絡があり、
「おたくの役員、面白いというか捨てばちというか……」と。
ともあれ、後にそれを話題にした広報の深谷泰久《ふかややすひさ》さんらのメンバーがみな、我が意を得たり、という顔で笑っていたのが心強かった。

付言

このリクルート事件の時、社内のあちこちに「再生活動連携の輪」のごときものがいくつも出来た。組織の枠組みを超えて。終業後の様々な話し合い。結果として事件をきっかけに会社を辞める社員は極めて少なく、退職率は事件前後数年、全く不変だったと記録されている。「今は辞められない」と、既定の転職をいったん取りやめた誰彼の顔を思い出す。

その「今この時期だからこその一体感」の故《ゆえ》か、事件発生の年度に史上最高益の業績をあげることが出来た。「おたくの会社、商品が悪いわけじゃないから」というユーザーの励ましにも支えられて。このリクルート事件当時の退職率不変と高業績のことは、時折ＯＢたちの間で、ささやかな誇りをもって語られている。

惻隠の情

「制作者は惻隠の情を忘れるなかれ」という原稿を書いたことがある。筆者二十九歳の頃、『コピーライター年鑑』のごときものへの寄稿だったような記憶。その後も何度か部内報や普段の会話や査定会議などで、さしたる自覚もなく使ったりした。

しかしある時期から、全く使わない言葉になった。今回ここで書くのは、使わない意味。それはこの「惻隠の情」なる言葉が、あまりにも広大無辺というか曖昧というか、それを発した側に正義があると思わせる力というか、そういう性質をもっているように思えるからである。

「ここはひとつ惻隠の情をもって……。ま、武士の情けということでもあり……」

こういう言われ方に対しては、これらの言葉の語感もあいまって、正しく論理的に反論する展開になりにくい。ほとんど「……」いう返答になる。これが怖い。先に使った者勝ち、であるような言葉の力をもっていることが怖い。もしくは照れる思いなくしては使えない。

こうして筆者は、この「惻隠の情」を使わなくなった。良い日本語であるような気がするのに、使えない言葉になっていた。これは口から発せられる言葉でなく、胸に秘める思いとしての言葉のような気がする。

かつての部下に仕えることを、いささかも不名誉と考えなかったローマ人

これは塩野七生さんの『マキアヴェッリ語録』（新潮文庫）からの知識。その項の冒頭部分を引用する。

〝古代のローマ人は、名誉を尊ぶ気持ちが非常に強い民族だったが、それでもなお、かつての部下に命令される立場になっても、不名誉なこととは少しも考えなかった。高位にあった者がそれ以下の任務を与えられると恥と思われている現代（十六世紀）では、想像も出来ない現象である。〟（政略論）

古代ローマ人にとっての不名誉は、己の信義とか市民としての義務といった問題の中にこそ存在していたのであろうか。

ともあれローマ人のその心のあり様《よう》に嬉しくなり、一方で十六世紀には「そうではなかった」ことを知り、そして現在に思いをいたす。

年功序列が崩れ、能力主義が台頭したこともあって、現在では「かつての部下に仕える」局面も多くなる。そんな状況へ向けての次の会話をする。

「経験豊かな部下を持つ新任上司は幸せだ。くったくなく補佐できる先輩と、その気概を受けて気力を奮い立たせる後輩上司。そういう関係。十六世紀にすでに難しかったその関係。ローマとリクルート、同じRをいただくものとして、その関係が出来ればなーあの憧れの開放性のささやかな後継者になれるのだが……」

かつての部下に仕える……ささやかな意地が邪魔をして素直にはなれない我ら。かつての部下のアドバイザーになる……これなら出来るのか。

難しいことではあるが、みんなで突破しなければならない課題だ。出来れば言葉のすり替えでなく精神のあり様としての転換。とりわけ超高齢化社会を目前にした我ら日本において喫緊《きっきん》の課題だ。あちこちに〝気概の先達〟が現れるのを切に願うものである。

感動の思い出だけが人生の財産である

誰にもいくつかの楽しい思い出がある。生徒・学生時代であれ、ビジネスの世界に入ってからのそれであれ、財産としての貴重な思い出がある。そしてそれらを改めて思い出してみると、それらの〝楽しい〟思い出には必ず次のような形容詞なりコメントなりが付く。

「もう駄目かと思ったが、ラストで全員力を合わせて逆転したあの思い出」

「自分なりに限界までがんばったら道が開けた、あの苦しかったけど今は楽しい思い出」

「自分が必死になっていたら、だんだん周囲が力を貸してくれるようになったあの時の嬉しさ」

「落ちこぼれていたのを跳ね返して、ついにみんなの仲間入りをした時のあの感激」

「いや、あの時は辛かった、きつかった、限界だった、よく持ちこたえたなー、という

〝楽しい〟思い出」

そう、もう気付いたことであろう。楽しい思い出というのは、実は苦しい（苦しかった）思い出とほぼ同義なのだということに。ちょうど肉体を限界までいじめて汗をかいた後の爽快感と同じく、精神の楽しさ・感動は、ちょいとした苦難の後にこそやってくる。そしてそれらを共にした仲間がいれば、その味わいもまたひとしおなのだ。

タイトルの言葉は感動の思い出だけがとあるが、これが正しいか否か異論はあろう。しかし、いくつかの感動の積み重ねが人の表情に膨らみを与えることに異論はあるまい。

ならば、仲間と苦しんで共に戦って結果としての楽しい思い出を、少しずつ創っていこう。

若い後輩に時折、そう情緒的に呼びかける。

感動的な……という言葉で思い起こされるのは、リクルートOBで早逝された三冨正《みとみまさ》人《と》さんのことである。明るくていつも前向きな偉才だった。あの笑顔とともに過ごした短い日々は、僕の貴重な思い出の一つになっている。

〈感想文〉人事30年。時々、野球少年のサポートオヤジ

小学校の時、野球をやりたくて、親に頼み込んでグローブを買ってもらった。始めたばかりの頃はなかなかボールをキャッチすることができない。

「なんとかこのグローブで、ボールをつかまえたい！　さぁ、次！……次！」

ひたすら失敗を繰り返しながら、少しずつ上手くなった。バットも買ってもらって、さらに野球に夢中になった。転んでも、豆ができても、真っ暗になるまで、ひたすらボールを追いかけていたことを思い出す。楽しかったな……。


中学生になって野球部に入部し、高校野球も経験した。今と比べて、部活動は厳しかった。遅刻したらこっぴどく叱られ、練習中はろくに水も飲ませてもらえず、夏の炎天下、グランドに撒くバケツの泥水をこっそり飲んだりもした。監督は鬼のようだった。そんななか猛練習して、レギュラーの座を勝ち取った。達成感はあったが、心に強く残る思い出とまではいえない。何故ならあの頃の自分は、「自分が周りからどう思われて

いるか」ということばかり気にしていたように思うからだ。

大人になって野球から遠ざかり、激務をこなして仕事に没頭してきた。ささやかな昇進や昇給を手に入れながら、どこか満足できないでいた頃、縁あって、少年野球のコーチを引き受けることになった。

才能豊かな選手がいる一方で、ヒットの一本も打てず、バッターボックスでいつも半泣きの選手もいる。そんな選手たちが、六年間ボールを追いかける。

一日も休まず、ひたむきに練習をする選手がいた。上手くはないが、一生懸命な姿は誰もが認めるところだった。もちろんレギュラーではない。なかなか努力は報われない。でも、彼は決して手を抜かなかった。寄り添い、声をかけ続けた。

六年生最後の公式試合。彼が代打で起用された。

「頑張れ！　打てよ……！　神様……、頼む！」強く強く、願う自分がいた。目の覚めるような鋭い打球を、彼はセンター前に運んだ。凄まじい大歓声がグランドを包み込んだ。選手、コーチ、応援する父母、そしてもちろん当の本人の心が、震えた瞬間だった。

卒団の日、選手たちはスピーチを残して、団を巣立っていく。エースで四番、誰よりも活躍した選手が「一番印象に残っているシーンだ」と声を詰まらせて挙げたのは、さきの、ひたむきな彼の、「センター前ヒット」だった。あのヒットは、他の誰かの心に、忘れられないほどの感動を刻んでいた。聞いているうち、涙が込み上げてきた。

幼い頃、ただ野球がしたくて、夢中になってボールを追いかけた自分を思い出させてくれた。

人の目など気にせず、自分がやりたいから、楽しいから。どんなに苦しくても、その一球に感動できるから、そんな姿が、人の心を掴んでいくのだ。

「感動の思い出だけが人生の財産である」

そんな感動の思い出を、このあといくつつくれるのであろうか。

人生の節目で、いつもこの言葉を大切にしている。


（了）

新入社員に贈る十カ条

リクルートで、後《のち》にいくつかの会社で、新入社員に贈った十カ条。

「会社に慣れて少し疲れた中堅社員の方にも読んでほしい」と発信したりもした。

序三つ

1．この一年出来る限り高く飛べ

組織において、その人間が最初の一年に飛んだ高さが、その人のこの先五年を規定する。一年後に高いところにいる順番に次の仕事が降ってくる。量でなくレベルとして。その結果、二年目は同じ努力でもおのずと差がつくはめになる。これを後から抜き返すのは容易ではない。

ならば一年目に、出来る限り高く飛ぶ決意を固めよ。

2．黙ってジャガイモの皮をむけ

いかなる名監督も名料理人も、初めからそうあったわけではない。

映画監督なら、照明や時代考証を知らねばならないし、いやその前に、助監督としてスタッフの弁当の手配から始めたのであろう。料理人も最初から料理そのものに参加出来るわけではない。まず皿洗い、後片付け。その後、ジャガイモの皮をひたすらむき続ける。ひたすら。そのことでわかる何かがある。

そこで掴んだものを提げて次のステージに向かう。この段階がお粗末な人は、モノにはならない。

「自分はこんな半端仕事のために会社に入ったのではない」……そういうエセエリート意識は捨てよ。

この一年、黙ってジャガイモの皮をむけ。

3.「四つの出来ない」を考える

これは、自分の状態が何か変だ……と感じたときの、いわゆる五月病などの対策。人が組織で順調に前に進めないとき、次の四つの状況が考えられる。

(1) 自分がいま何をなすべきか、気付いていない。いわゆる気付き。

(2) 気付いているが、やる気が無い。いわゆる意欲。

（3）やる気も十分あるが、やり方がわからない。いわゆる課題解決。
（4）気付きがあり、やる気もあり、方法もわかっている。なのに出来ない。そんなことあるのか。ある。「周りが、そうさせない」。

自分が、それらのどこにいるのか、考えて対応すべし。そうしないと、悩みがループする。ここから先は上司に向けてのコメントだが、「アイツ今、ちょいとまずいな」と意欲満々の人間にはっぱをかけるとき「君はやる気が足りないよ」は、滑稽。彼、彼女にはやり方を指導すべし。逆もあり。状況を正確にとらえた対応をお願いしたい。

ましてや「周りがそうさせない」の原因になっている上司がいたら、すぐ交代していただきたい。あるポスト以上の人には教育投資は無駄。異動のほうが、はるかに効果あり、なのだ。

破四つ

4．敵を知る前に己を知れ

孫子の兵法に似たり。ただここでいう己とは、自分自身のみのことでなく、「自社の全容」のこと。

会社がどんな分野でどこに強いのか。今どんな変化が起こっているのか。とりわけ誰がキーマンか。これらをしっかり頭にたたき込むべし。そうすることで、次から、社内に流れる情報の吸着がすこぶる良くなる。さすればプレゼンの幅も広がるし、イザという時の援軍依頼のツボも外さない。総じて、周りが見えていない人間は、本人が思っている以上にやっかいなものである。見えている人との差は、大差。

5．今は異質である価値のみ

すぐには全く役に立たない貴君らだが、大きな取り柄がある。それはこれまでここの社員ではなかったという事実。違う価値観の新鮮な目で「それはおかしい」を見つめ、進言してほしい。そのことで会社の「常識」が少しでも新たな改革価値を発見出来れば、それが大きな貢献。そういう期待で組織は新たな人材を外から迎える。これは従って中途採用の新人諸君にもいえることで、直属上司はそのスキルを買って即戦力期待だが、経営的に見れば、やはり「異質である価値」が大きい。

どんな小さな一石でもよい。異質の視点からの進言を心がけよう。そうでないと、貴君らは単なる作業補助要員になってしまう。

ここでまた上司に一言。

エライさんの「高給」は、部下につき上げられるためにある。異端の一石を封殺することなかれ。考えてもみてくれ。より新しい人たちの何人もが先輩を抜いていく組織だけが発展する。これは歴史的な真実。

「後生、畏るべし」は、実に嬉しいことなのだ。

そういうことなので新人諸君は、可能な限り「会社に慣れない」ことを心がけてください。

一、二カ月も経たないうちに会社の現常識を我がものとしている〝新人〟は悲しい。

6. コミュニケーション能力、あなたには無い

これは「あいつ何を言っているのかよくわからない」と評される新人が散見されることに起因する。ほぼ同じムラの中で「チョーむかつく」とか騒いでいても意思疎通が出来た世界とは違う。「自分はもっとまともです」……本当だろうか。コミュニケーション能力には段階がある。

（1）自分の言いたいことが、簡潔に言える。

（2）相手の言っていることが理解出来る。

これがまず基本。例えばエレベーターの乗り降りの合間のようなすれ違いざまでも、そうあってほしいのであるが。ともあれこの基本のふたつだけでも、十分でない新人類は多い。

次に

（３）自分の考えがドキュメントとして作成出来る。
（４）反対意見が正確に述べられる。
さらに、
（５）相手を説得出来る。論理的に。さらに難易度を上げて、感情的にも。
そして、だんだんレベルが高くなると、
（６）目線で意思を伝え、相手を巻き込める。
（７）後ろ姿が常に説得的である。とかとか。これは名人の領域。

あなたがたが今どの段階まで自信があるのかは知らないが、言いたいことは、「自分で考えているよりはるかに、コミュニケーション能力は無い」と、思ってくれ、ということ。もしくはそう考えて、修行したほうがよいということ。身のためだから。

さらに深く伝えたい小生の思いは、コミュニケーション能力とは単なる伝達技術ではない、ということである。たとえ論争しようがケンカしようが、この相手を信頼して仕事も遊びもずっと付き合っていきたいと、相手が思ってくれる〝感応能力〟のことを含んでいる。そういう意味での信頼感のある人材こそが、組織で事を成す。

知識・スキルは「鬼に金棒」の金棒。まず信頼性という鬼自体が確立していないと、それらは究極の財産にはならない。

7. 反面教師も貴重、君はそうなるな

組織には実にいろいろな人間がいる。それ故、とんでもない先輩や上司もいる。どんな組織もこの例外ではありえない。

リクルートでは、明確な評価基準のもとに精選したマネジメント層を配してはいるが、それでも結果としてのミス人事というのは避けがたい。というか、本人が組織の成長に追いつかないということはあるものだ。

さて、会社員の最大の不幸は駄目な上司の部下になってしまったことだが、そこで愚痴を言いたいあなたにプレゼント。「それが悲しかったら、君はそうなるな」

急三つ

8．手本を見つけろ、ライバルを探せ

例えばあなたが「この人間は自分とほぼ同等だ」と思う人物がいたとしよう。その人物は周囲から見れば、間違いなくあなたより優秀である。人は誰も少しだけ自分にひいき目だから。それ故「この同期、少し自分より出来るかも」……と思う人物が見つかったとしたら、とてもラッキーなことだ。その人物をライバルとして所作言動を徹底的に盗む。ほぼ互角だと思えるまで盗み真似る。すると確実な進歩がある。真似をすると自分を失うことになる心配？　無用だ。それで失われる「自分」なら、いったん捨ててよい。

さてそういうことだから、前述の反面教師ではない上司、「とても今は適わない」と思える上司に出会えたなら新入社員としては最高のスタートを切ったことになる。幸運

に感謝。

　真似たい人物が一人もいない？　それは組織の問題……ではなく、あなたの感性の問題だ。

9．究極の財産は、感動である

　これは、解説することになじまない。こういうことは自ら感得することに価値がある。それでもひとこと言ってしまえば、感動的な共通体験を持つことで人は真に連帯する。そして「士は自らを知る者のために死す」は、決してカビの生えた古典ではない。

　6項でも述べたが知識やスキルだけでは人は動かない。それは、当然の前提。それらに加え極めて曖昧な「人間力」がいる。これは曖昧なるが故に、速修出来ない。そして人間的な連携によって生まれた感動的な思い出のいくつか……そういうことのほかに閻魔様の前で自慢すること、ありますか。

10. たかが会社

誤解を恐れずに言えば……ということである。たかが会社。なれば、会社で学ぶだけ学んだら、あとは踏みつけにしてもよい。全く違う。心得違いである。そして踏みつけと〝価値ある転進〟とはこれまた別。

ここで言う「たかが会社」とは、いざ組織と立ち向かう時の心構えとしての意味。せっかく良い会社に入ったんだし、多少のことは目をつぶって……というあなた方の怯懦《きょうだ》を戒めるためのものである。この覚悟を有し、かつ今自分がこの会社を自身の意思で選択し続けているという自覚……を併せ持つ人材だけが、組織を前進させてくれる。本当に入れ込んで愛しているからこそ、突き放せる……といったあたりか。坂本竜馬は、土佐を愛していなかったわけでは、全くない。

わかってくれた人だけに繰り返す。たかが会社。

―「たかが会社」について

新入社員に贈る言葉十カ条のラスト、「たかが会社」についての補足。「これはともかくこの言葉を覚えておいてくれ。決して捨て鉢な意味では無いのだ」とか簡単に説明して終わっているものだが、これは危険な投げ出しかもしれない。

例えば殿堂入りするほどの野球選手が「たかが野球」と言う時、その「たかが」には自分のやってきた野球に対する深い愛情があり、それに正対して自分が全力を挙げてきた行為へのゆるぎない誇りが秘められている。そうでなければ「たかが野球」の次にくる「されど野球」という対句の結構がなされない。「たかが」の対象に愛と誇りの無い人間に「されど」の言葉は無意味だからだ。

仮に、全く仮にだが、イチロー選手が「たかが野球、されど野球です」と言ったとしたら、その「たかが」には限りない野球への思いが込められているのを誰でも感得しよう。

さて、だから「たかが会社」のたかがも、己が今選択し続けている組織への愛着が無ければ言ってはいけない。言ってもよいが愛着の無い人間の言葉なら、ぼやき以上の意味を持たない。

会社をより良くしたいと全力を挙げる。しかし会社が自分と全く違う価値観への道を歩もうとする。あなたはあがく、もがく、折り合いもつけようとする。一定の業績はあげ続ける。それでも会社がどうしても自分の価値観から遠くなる……そういった時初めて、愛惜をもって「たかが会社」なのである。この場合「会社」とは大別してふたつの意味がある。ひとつは自分の上司、その人が創り出している環境といったもの、ふたつ目は会社そのものである。

「俺が会社を支えている」という顔をしている管理職の中には、実は会社の崩壊に手を貸していることに全く気付かずその元凶になっている一群がいる。これに対しての「たかが会社」は、その上司からの評価を捨てることを意味する。保身だけのために己を殺してその上司に加担することはあなたも崩壊の加担者となる意である。

この稿正確に書こうとするほど難しくなる。気概のあり様《よう》と言ってもよいか。

「たかが会社」はその気概を「励ます」という感覚で贈る言葉である。

風土を語った言葉

戦略より戦闘

経営戦略というもっともらしい言葉がある。その戦略を立てるために膨大なコストと時間を投入したりする。コンサルタント会社などに支払われる大半の金もこれだ。

かつてある大手コンサルタント会社のトップと問答したことがある。

「なぜ次々とオーダーが来るのか。なぜそれらの会社は自分たちで考えようとしないのか」と。答えて曰く

「それはですね、これらの会社が若い人材に自分の会社の将来を考えるように教育してこなかったからですよ。また、もしそれを考える社員がいたとしても、それを汲み上げる仕組みになっていない。さらにもしその考えが上司まで上がっていったとしても経営会議のようなところで〝反対派〟の役員に潰される。あちらの派に手柄は立てさせない、と」「だから、どの派閥の顔も立つ外部の意見が無難なんですよ」

なるほど。

ここでさらに注目すべきは、コンサルタント会社の新経営戦略立案作業の手法である。彼らは当該会社に乗り込んで、その会社で最も優秀な若手社員や現場をよく知る古参社員を集め、彼らから徹底的に情報収集する。改革へのキーワードは彼らが知っているからだ。

少し考えてみればこれは当然の手法である。クライアントの状況は外からあれこれ考えるより、その内部の当事者に尋ねたほうがよくわかる。正解に直結しやすい。なんのことはない。コンサルタントというのは「当事者が本来持っている解答」を引き出して提示してくれるというビジネスなのだ。

さて戦略より戦闘。Strategy（ストラテジー）よりもBattle（バトル）！

Strategyはよくテレビのなどに登場、カッコいい感じ。一方Battleはよくても軍曹の職責みたいな、ちょいと獰猛なイメージ。少なくともクリエイティブな感じがしない。しかしリクルートは、創業以来ずっと「戦略より戦闘」なのだ。

これは変形として「走りながら考える」とか「わからないことはお客さまに聞け」という言葉とセットでも使われる。

例えば一つの情報誌の創刊の場合、戦闘的な手法ではともかくそこそこの雑誌を創り、それを出広クライアントに持って回って意見を聞き、一方で読者層からも感想を集めて次にそこそこプラスアルファの雑誌を創る。そしてまた意見と感想を集め……、こうして四~五冊目くらいになると本の完成度が高まってくるという展開。これはリクルート社内の人間なら先刻承知の展開である。山登りにたとえれば、麓《ふもと》であれこれ考える前にともかく登りだして三合目あたりで山全体（市場）を眺める。すると麓の時より少し景色がはっきり見えてくる。そこで初めてこれからのルート、いわば戦略を検討するというわけだ。装備の充実やルートの迂回・変更もそこでなされる。

これが「走りながら考える」であり「わからないことはお客さまに聞け」であり、結果としての「戦略より戦闘」ということになる。

一方、戦略が先にある一般的な場合、先に入念な広告計画も立てられ、クライアントのご祝儀広告もにぎにぎしく創刊号が船出する。しかしそれがユーザーの心にヒットしていない場合、次第に雑誌が薄くなり広告も減少し、苦戦の跡が偲ばれる何号かが続いたあと廃刊へ……という例が多々ある。これは初めに綿密な戦略を立てているのですぐに舵を切れないまま走らざるを得なかった弊害である。

戦闘型のほうは、初めの雑誌が「これはナンじゃ」という程度のもので綿密な方向性は決めていないから、方針転換も楽。気軽。読者が呼んでいるほうへ一歩ずつ近づけばよいだけなのだ。恐るべし、戦略より戦闘。

創業翌年には構想されたリクルートブックがまさにそういう歩みであるし、もともと「大学新聞広告社」として大学新聞の入れ広告の代理店が自前の広告本を創る側に回る結論を出したこと自体、きわめて「戦闘」的なのである。さらに、例えば住宅情報誌の創刊号、二号あたりを手にすることが出来ればそのあまりの薄さ・貧弱さに驚くことだろう。近年では『ゼクシィ』の例だが、この情報誌は当初経営会議で承認された本のコンセプトとは全く違う方向へ展開して成功への道を歩んだ……。

さてしかし、ここでこれを読むあなたに考えてほしい。

戦略より戦闘は本当に正しい手法なのか。たまたまうまく展開したケースがいくつかあるだけではないのか。

「市場調査もしっかりと出来ている〝成功の確率の高い〟戦略的な企画でなければ大事な資金は投入出来ない」というのがやはり正しいのではないか……と。

一方でそれらの考察を経てなお「戦略より戦闘」を我が言葉とするならば、そこには普遍的筋道といったものが必要になる。それは何か……。

冒頭に戻る。コンサルタント会社が乗り出してクライアントの新しい展開を探る時、その答えをその会社の現場に求めると記述した。第一線の現場に答えがある……それがヒントだ。情報ビジネスの場合、それはその情報の受け手の中に答えがある。そしてユーザーは現に提示されたものによってのみ正確な判断をする（気になる）ものである。だから見本的な体裁でともかく街に走りだす、山に登りだす、船出してしまうというのは実は極めて「戦略的」な手法なのである。そう、リクルートが受け継いできたのは言葉の遊びのような「戦略より戦闘という戦略」であったといえる。

そしてさらにいえば、これらの考え方は何人も容易に理解出来る。同じ言葉を掲げて同じ手法で事業展開しようと決めることも出来る。ただし、である。

これを真にホンモノの戦略たらしめるには三つの資質が要る。

ひとつはユーザーからついに意見・希望として上がってこない「希求」を探し当てる能力。

リクルート時代に情報誌の発刊を多く手がけたOBの倉田学《くらたまなぶ》さんは「ユーザーの困っていることを聞きまくる」というような意味のことを書いていた記憶がある。適正であろう。ただし創業の基盤を創ったリクルートブックの例でいえば「入社案内が一度に読める状態の本を無料で学生に配ってくれる仕組み」というような希望が当時の学生から出てくることはまずなかったろう。転じて、例えば「ウォークマン」や「ipod」はいかなる希求を解放したのか……。つまるところ「お客さまに聞け」といい「戦闘」といい、社会のニーズ（というか表面化していない潜在ニーズ）を探り当て形にする創造力なくしては竹やり戦法の域を出ないというわけだ。そのような〝一歩先の希求を読む〟創造力がまず要る。

ふたつ目は、ともかく走りだす決断の力である。

回収の見込みが保証されない投資の決断には力がいる。これは貴重な資質なのである。だからこそ「清水の舞台」とか「ルビコン川」とかいう言葉が膾炙《かいしゃ》されるわけだ。ともかくも決断する力。これがなければ創造力も日の目を見ない。

そして三つ目の資質は、資金力。上記の決断を強力にバックアップしてくれる余裕資金を生み出せる、という会社の資質なのである。個人の人生ならチャップリンの言う「愛と勇気とsome money」で済むわけだが、新規事業資金というのはどんな会社にとってもその各々の規模に応じて「大きな投資」なのである。

有り金はたいて丁半勝負！　は事業というよりギャンブル。紙一重だが大差だ。

従って夢を乗せて送り出す新規事業の船出というのは、実は現有主力事業で地道に利益を稼ぎ出している人たちのがんばりによってなされる。

そういう意味では新規事業の担当者に、支えてくれている仲間すべてへの感謝の心が大切なのだ。

そういう心の総和によって初めて「戦略より戦闘」は言葉としての完成度を高めるものなのだと思う。

組織の非搾取性

入社二年目、一九七〇年、筆者二十八歳の頃の造語。

社内報『かもめ』からの原稿依頼で「リクルートの発展の原動力は何か」に応えて考えた言葉である。上司が部下の手柄を横取り（縦取り？）しない風土を明確に感じていたので、ちょっと気取って〝組織の非搾取性〟。

社内風土として「今回のこのことの成就にあたっては誰が偉かったのか」が、いつも明確であった。上司はそれを的確に探し指名する役割である。横取りで（手柄の搾取で）部下の意欲を削ぐことはない。それはまだ社会経験が浅い筆者にとっても素晴らしいことに思えた。

まぶしい感じがしたと言ってもよい。それは組織の〝多数〟をその気にさせるものだからだ。以下は簡単な真実。

組織の多数がその気になれば（少数だけがその気になるよりは）業績が上がるわけで、

結果としてその組織長の評価も上がる。さすれば、横取りなどして部下から恨まれる愚を犯すよりは、部下を演台に上げたほうが得策であるし、見た目も自然で美しい。

そしてさらに、横取りして得た一時の会社の覚えのめでたさなどというものは、すぐに「あいつは部下の評判が悪い」「あのマネジメントでは次の昇進は無い」という評価で返ってくるわけで、差し引き中期的には大きなマイナスなのである。

この言葉を考えた頃にそういう下世話なことを思ったわけでは無く、ただまぶしかった、きれいだったからなのだが、後年他人に説く時には「理念でなく損得で考えてもよいから」と言うようになった。手柄を搾取しないことだけでなく、全体のモチベーションマネジメントとか、正しい評価手法とかすべて「それが経営の損得だ。利益に直結する。理念が如何であれともかく社員をよい顔にして欲しい」という言い方をした。

まことにそう思う。

そして〝組織の非搾取性〟のようなことは、制度ではなく風土である。「制度より風土」という言葉もリクルートにはあったが、人の合理的集合体である株式会社にあっても、あり様《よう》は人の心根次第なのだということに思い至る。その自覚があれば、すべての組織体に希望はある。

分不相応の連続線

この言葉は完全に「生嶋感覚造語」である。一九七〇年、中途入社二年目だった筆者が社内報『かもめ』から「リクルート発展の原動力」のようなタイトルの原稿依頼を受けて、もうひとつの言葉〝組織の非搾取性〟とともに思い至った言葉である。その後多用した。

ちょっとした縁で腰掛けのつもりで入社したこの会社がすでに色濃くもっていた〝成長への熱気〟をこの言葉で表現した。これを考えた時点ですでに「一宿一飯」のつもりのこの会社のとりこになっていたと言える。

熱気に圧倒される……入社してからかそれ以前にかはともかく、とりこになった人間は筆者ひとりではない。

この一九七〇年には、後に役員になる真石博之《まいしひろゆき》さんがフジテレビから転職しているが、ある意味フジテレビのエリート街道を歩んでいた真石さんの転進決断の言葉は印象的である。

「忘れもしない一九七〇年一月十五日の東京証券会館で」と、リクルート少数派の典型的ＥＳＴＪである真石さんの記憶は鮮明だ（この言い方を真石さんはお気に召さない）。ともあれ真石さんがこの時誘われて「会社雰囲気見学」に来たその会場は「第一回社内懸賞論文」の発表会の場だった。

「雷に打たれたような気分」と真石さんは表現する。硬めの表現が好きなこの人がである。

会場にあふれる熱気、その顔つき……こんな会社があるのか。

その前年売り上げ十一億円、社員は二百五十人程度だった無名の会社に、真石さんはためらうことなく転職を決意する。その当時の取締役は創業時代からの〝知り合い仲間〟で構成されていたから、いわば別の会社をよく知る外様《とざま》的な真石さんの〝雷に打たれたような感覚〟は正しく社会的普遍であろう（ちなみにこの後近接して、二代目社長となる位田尚隆《いだなおたか》さん、三代目の河野栄子《こうのえいこ》さんが中途入社している）。

さて分不相応……だが、この時代すでにリクルートは、単に熱気と成長力だけでなく、明らかに〝ただものではありたくない〟という強い思いを抱いていたように感じられる。筆者・生嶋がとりこになったのも真石さんが雷に打たれたのも、単に明るい熱気だけではない要素を感じ取っていたからである。

まず何よりも採用の意欲と決意が「分不相応」だった。当時の会社のレベルの分際をはるかに超えた人材を採用しようと全力をあげる。次にその人間を使ってまた次の人材をという展開だ。そしてそれが達成された時点で、次の「分不相応」を考える。挑む。達成する。また「分不相応」を立案する……という連続線なのである。

スカウト的な活動だけでなく、中途採用のための新聞全面広告をうった三十五年前の中小企業リクルートも、紛れもなく「分不相応」であったろう。

これは採用だけでなく様々な点で見受けられた。例えば成長目標としての数字。出来そうな数字よりももっと高い数字。次にまたもっと高い目標へ。例えばクライアントの効果への満足度。もっとユーザーが喜んでくれるためにはどうするか。さらに例えばコンピュータへの投資。当時導入したＩＢＭ３６０は間違いなく「大企業御用達」のマシーンだった。これが極まって後《のち》、ＩＢＭの新規機種の世界の一号機を買うために「時差」まで勘案したというご愛嬌にまで発展してしまったが……。

ともかく「並の成長を粛々と成し遂げる」という感覚は創業当初から全く無かった。創業者で初代社長・江副浩正《えぞえひろまさ》さんは二十五周年記念誌の『かもめ』で次のように述べている。

「リクルートのＣＩをあえていえば、『よその会社でやっていないことを事業化する。あるいは、よそでやっていることでも、まったく違ったやりかたで事業化する』ということになろう。つまり我々が求めている利益は「創業者利益」である。」

これはもちろん二十五周年という歴史を経て一定の成長を遂げた結果としての概括である。しかし創業当時から「ただものの会社ではありたくない」という思いは強かったはずだと創業仲間の森村稔《もりむらみのる》さんは証言する。その結果として、と森村さんは続けて語る。「創業数年後に発刊した広報誌の『月刊リクルートメント』（後、『月刊リクルート』）に江副さんはよく採用論みたいなものを書いていた」と。まだ弱小の広告取り扱い会社が、自前の論文誌を発行していたというそのことがすでに驚きだ。この稿の趣旨でいえば「分不相応」なのである。なにしろ江副さんの日常は金策に走り回る日々であったはずだから。

そして程なくして媒体部という組織（後にリクルートリサーチに発展、現ワークス研究所）も創られ、そこでは全国の高校の進路指導主事の名前などを自前で集めて、広告掲載企業へサービスとして配布している。これも「そこまでやるのかこの小さな会社が」とクライアントに思わせる業であったに違いない。

こうしてリクルートはその創業当時から「分不相応の連続線」という貴重な体質を内包して歩みを始めたのである。

余談だが、後にリクルートが戦後成長企業の申し子のごとくいわれ始めた結果、筆者が東大の小講堂でスタンフォード大学の先生を前に「リクルート論」を講演するということがあった。当時はJapan as No.1の時代で、組織論の研究者としては、すでに喧伝されているソニーやホンダではなく〝新しい研究素材〟を求めているという状況のなかで企画されたものであった。サイマルの同時通訳者が「分不相応の連続線」のところで訳に困り、その後の筆者の早口の説明に対し、「もっとゆっくり」というメモが入ったのは懐かしい思い出である。

追加インタビューの話もあったこの「リクルート研究」は、その直後に発生したリクルート事件報道の騒乱のなかでうやむやになってしまったが……。ともあれ、多少の傲慢不遜のそしりを受けようとも「分不相応の連続線」はリクルートに伝承され続けるべき精神なのだろう。それこそが〝次代の人を呼ぶ〟という意味においても。

Count Us に応える仕組み&ロイヤリティ

Count Us――直訳は「我々を勘定に入れろ」。アメリカのどこかの労働組合がこのスローガンを掲げ、それに呼応した資本側があった。結果としてその会社は、月曜日の生産性や全体的な品質管理で目覚ましい成果を挙げた……という記事を読んだ時に、これは〝風土言語〟だと思った次第。

労働側と資本側がその意識とか目的においてハッキリと分かれているはずのアメリカにおいて、労使の一体感を労働者側が言い出したという事実に興味をそそられた。「我々を勘定に入れろ」は意訳すれば「(会社のマネジメントに)我々の思いや意見を取り入れよ」ということになる。この動きのあった当時、アメリカにおいてもいわゆる家族型経営を行っている会社の経営状態が良好だということが喧伝されていたという背景がある。そこで、風土スローガン言語のひとつとして、生嶋語録にメモされた。リクルートの日替わりスター主義が、アメリカでは〝Count Us〟だ、などと会話。

さてこの稿の本題は「会社に対する社員のロイヤリティ」といったものは、有効なりや否やということにある。それ（ロイヤリティというもの）が、「忠誠心」といわれる言葉が内包する胡散《うさん》くささ込みで語られるなら、真の有効にはほど遠いということがまずひとつ浮かぶ答え。忠誠心というのは「確実に保証された反対給付」がある時にのみ現出する。

思えば経営者セミナーなどのまくらで、よく次のような話をした。

「日本の代表的な歴史物語である『忠臣蔵』ですが、あれは日本では極めて珍しい美談絵巻です。城を失っても次に仕える主君さえ探すことが出来れば〝お天道様も米のメシも言語も宗教も風俗も変わらないで生きていける〟島国の日本では、忠臣蔵のような思いをしてまで主君の恨みを晴らす必要は無いわけです。まして最後は切腹に至るのですから。

一転西欧では、隣国に城を取られると、風土も言語も食習慣も何もかも変わってしまう。いわば自らを捧げる場所（国家）が無くなってしまうので、雌伏何年の物語は枚挙にいとまが無いほどあるはずです。それが生きていく道ですから。従って特筆される忠臣蔵物語はありません。ところが日本では、城の陥落とともに散り散りになり次の主君を探すかたちが普通なので、この精神を憂えた幕府は赤穂の浪士を密かにバックアップしたのではないかと思われます。〝君に忠〟のモデルとして。

そうです。よくいわれるサムライの忠誠心というのは、先に挙げた『確実に担保された反対給付』があることによってのみ、即ち自分が死ぬようなことがあっても長男に家《か》禄《ろく》が伝えられる仕組みの徳川江戸時代に現れた心のあり様《よう》なのです。ですから近代経営者が社員に忠誠心を求めるなら、同じように『確実に担保された保障』が必要なわけですが、今皆さんは終身雇用も年功序列も取り下げ、あまつさえ能力主義なるもの、それまでの功績を反故《ほご》にするやり口を導入しようとしています。そうしておいて社員には変わらぬ忠誠心を求めるのは『そりゃ聞こえませんせん伝兵衛さん』だということがおわかりでしょう。それに気付かないで先頭で指揮をとっていると、ある日振り向いたら付き従う者わずかで愕然としたりして……。いやそればかりか、後ろから鉄砲を撃つ人間も現れかねませんよ。ま、それは冗談としても……」

このまくらの話の後、がまの油ならぬ「組織活性化プログラム」のセールスをしていたのだが……。

さておき、反対給付はないがしろにして組織への忠誠を求めるというのは通じないということが言いたかったわけだ。

一方で、Hygiene 要因（給与などの必要条件）と Motivation 要因（動機づけ条件）

との関係で言えば、心が満たされたロイヤリティならば組織に極めつきの有効性をもたらすという別方向の結論がある。物理的な反対給付よりも精神的な満足のほうが人を強く動機づける。

自明だ。

心が共感で燃えた時、人は強くなる。組織が魔人と化す。それは美しくさえある。この稿は、つまるところこの結論を言うための数十行だったかもしれない。

補記1　武士本来の真の精神は、この稿で表現した「忠誠心」といったもので貶《おとし》められるべきものではない。

補記2　文中に「一転西欧では、隣国に城を取られると、風土も言語も食習慣も何か変わってしまう、いわば自らを捧げる場所（国家）が無くなってしまうので」とあるが、古代ローマにおいては（少なくともユリウス・カエサルの手法では）占領した国の宗教や風俗を可能な限りそのまま残すよう為政している。それが今日のヨーロッパの礎につながっているといわれる。多神教の古代ローマならではの手法だ。

日替わりスター主義

これは、風土言語のひとつであるが、言葉にさしたるひねりはない。別稿の「組織の非搾取性」と関連づけられる言葉である。実際にあのヒットを打ったのは誰かが明確に認識され、その人をみんなで拍手して迎えようという気分。別に部長や課長が偉いわけでもスターでもないんだよという風土。ましてや役員をや。

ここで大切なのはいわゆる花形部署のメンバーが良い仕事をしたのを「日替わりのスター」にするだけでは無いということだろう。目立たない地味な仕事をしっかり地道にこなしている人も、いやそういう人こそスターだという思いの共通認識である。地味な守りをやってくれている人がいるから派手な攻撃へ心ゆくまで邁進出来るのだという感覚なのだ。

イラスト入りの「トイレ壁新聞」（二〇〇六年五月現在では「すかっと通信」という名前）で社内マナーやお知らせを丁寧にかつ面白く書いてくれている総務部の女性のA

さんが、例えば今日のスターなのだ。みんなで心をこめて拍手をする。
思い出す。トップ営業マンよりも人気があった掃除のおばさんがいたなー。

明確な目標は快感である

去る二〇〇五年の年頭、リクルート社長の柏木斉さんから改めて年頭挨拶で常々の発言「grow」の具現化である数字目標が提示された。曰く「二〇一〇年にグループ売上げ一兆円。連結利益二〇〇〇億円」というものである。それに関連していくつかの施策方針が述べられているが、その言葉を強く記憶に留める社員は少なかろう。例えば「非連続の成長」というせっかくの良い言葉だが、その意味するところが職場で深く会話される機会は少なかったであろうと思われる。

「数字が根源的な目標ではない」ことぐらいは新入社員でも理解しているが、一方で数字だけが目標として強くひとり歩きする組織風土である特徴をリクルートはもっている。これがあまたの大組織一般の場合（筆者の経験の範囲では）、その数字が目標として認知される前に様々な議論が沸騰する。なぜそんな数字なのか、無理ではないか、どだいそんな数字を目指す意味があるのか。そしてあまつさえの最終発言。「それは誰が

年度	スローガン	前年度	当期
昭和53年度	「200億を達成しよう」	151億円	206億円
昭和55年度	「20歳めざせ一気に500億」	315億円	502億円
昭和57年度	「全社一丸1000億」	792億円	1004億円
昭和59年度	「グループ一丸2000億」	1630億円	2040億円
昭和62年度	「チャレンジ1800」	1383億円	1839億円
昭和63年度	「ニューステージ2500」	1839億円	2692億円

やるのか……」と。

だがリクルートでは反応が違う。過去にも数字をその年度のスローガンにしたことが幾度かあり、それをことごとく達成することで大きな節目として成長してきた。

その後関連会社のバブル借金返済モードの数年を経て、久しぶりに数字スローガンの目標が登場したわけだ。

単年度の目標ではないという違いはあるものの、この数字目標の発表と呼応するかのように「リクルートらしさが社内に戻ってきたような気がします」という幹部社員の声を聞く。数字を見ると、一気に一丸となって進む軍勢……。

ではリクルートの人たちは（すなわち風土は）数字目標に従順な「ノルマ大好き」型人種の集まりなのだろうか。少なくとも他人にはそう見えることがあるのも事実だ。かつてリクルートの社内中にあふれる「祝・目標達成」のビラを目にしたマスコミ関係者が筆者につぶやいたことがある。

「ノルマがきつくて大変そうですな」と、同情というか、むしろ揶揄の響き。それに対してこちらは次のように答える。

「いやー、この垂れ幕は、ま、ほら、子供の時の七夕の短冊みたいなもので……。なんとなく賑やかで楽しいでしょう。それに我々の目標は〝ノルマ〟という語感のものじゃないんです。むしろゲーム感覚。もちろん目標達成者は誉められるしボーナスも多いわけですが、それに人格がかかっているわけじゃない。そう、人格の扱い方という差ですかね」と。

そして付け加える。

「ただ、目標が好きなことは確かですね。明確な目標はゲームを面白くする。そして数字は万人に明確ですから」と。

こちらのこの時の回答は、今思うと〝ノルマ〟という言葉にやや過敏に反応して言葉が多い。今だったらなんと答えるだろうか。

「数字をみんなで追いかけるっていうの、楽しいですよ」あたりで終えたであろうか。ここで読者にも考えてほしい。社外の人や部下に「目標数字を追いかける意味」をなんと説明するか。

いまでもリクルートと他社を掛け持ち受験した学生が、リクルートを選ばなかった理由として（選ばれなかったのかもしれないが）、「あそこはノルマがキツイらしいよ」と友人に語っているのを耳にする。別の会社の内定式会場などで。（僕があちこちの会社のアドバイザーをかけもちでやっていたから聞けた話）。

さて同じ思いの部下が「なんでこんなキツイ目標をやらなければいけないんですか」と言った時、答える明確な言葉が必要だ。そこでうろたえたり、単に「バカヤロー、そんなこともわからないのか」と叫んだりするようでは悲しい。

そこでタイトルに戻る。

そう、明確な目標は「快感」である。数字を追いかけるという原初行為のなかで、工夫と努力とお互いの共感とを追いかけている。そして自己実現と感動も追いかけている。そうなっていなくては「快感」はありえないはずだ。

話題の展開。

かつてある大手の自動車販売ディーラーで、次々と営業マンが辞めていく事態になった。営業マンの数と販売シェアとがほぼ同意義の時代であったから、そのディーラー各社を管理する本社はさっそくその原因究明に乗り出した。仮説を立てた。「どうもここ一、二年のノルマがキツ過ぎたらしい」と。

そして辞めた社員と親しかった同僚たちの話を聞いた。結果、ノルマのキツさ……に対して、予想もしない反応が次々と返ってきた。

「目標、あっ、それはいいんです。高くてもね。もっと高くてもいいですよ。アイツらが辞めていったのは、苦労して目標達成した時の所長の態度です。『おまえもこれでボーナス高くなるな。しっかり稼げたじゃないか』って金の話ばかり。もっと苦労話の花を咲かせたり、みんなで喜んだり、営業方法を共有する勉強会をしたりとか、したいじゃないですか。そういうマネジメントは無いんです。こんな所長ですから、目標達成できなかった時は、もうただボロクソ。面白くないですよ。仕事をしている共感が無い。自分も次のボーナスもらったら辞めるつもりです」

本社が、目標設定の変更でなく、大幅な人事異動に踏み切ったのは、言うまでもない。改めて思う。人はパンのみにて生きるに非ずと。

付記　「借金返済目標」にも猛然と挑戦したリクルートは、一時（一九九四年）一兆四〇〇〇億円あった有利子負債を自力で返済し続け、ついに二〇〇七年三月期には五一億円を残すのみとなった。この五一億円は金融機関に頼みこまれて残した額である。事実上の無借金。この恐るべきとも言える力と粘り……。これに携わってきた経営者と社員の奮闘に敬意を表すものです。

高速輪転機回転札束印刷業

筆者は「人事教育事業」の担当だったことがある。この事業は例えば管理職教育の研修などを実施するわけだが、これは講師の体制の範囲に限定された営業活動になる。当然、当時の主力の情報誌事業に比べて利益率も成長率も小さなものになる。社内会議で「人事教育事業は、もっとなんとかならないのか」と指摘されて筆者が返した言葉がこれ。

「情報誌はいわば『高速輪転機回転札束印刷業』のようなところがある。こちらは労働集約的教育事業なのだから同じ土俵で論じていただきたくない」と。

一同爆笑でその場は収まり、この言葉は一時社内で流行になった。

さて、そういう自慢めいたことを書いてもなんの足しにもなるまい。筆者が「高速輪転機……」と性格づけ、かつ大方がそれに同意の笑いを与えたという事実に、リクルートのやり方の真髄が隠されている。

それは、あらゆるビジネスを徹底的にシステム化するということ。目指したのは、「昨日入社したアルバイトの人でも今日は正確な営業トークが言える状態」である。決して人のクリエイティブな資質に依存しようとは考えないで、徹底的にシステム化する。毎日の戦いはそのシステムで行う（近年のコンビニの手法に似たものを感じる）。そのシステムの緻密さとシンプルさが成長を支え続けたわけだ。

ではは社員はどこで創造性を発揮するのか。それはビジネスの仕組みをつくる時に、それを変える時に、新規事業を提案する時に、そして組織をマネジメントする時に、である。

「現に動いている現場はシンプルシステムに、明日の仕組みは思いっきり頭を使って」

これがリクルート流である。

ホントに札束を印刷しちゃ、いかんけど。

取締役会の愚かさ

筆者は入社早々に遅刻常習犯であった。そこで遅刻を改善させるために会社が考えたのが禅寺での研修。こうして歴史的な「第一回参禅研修」が鶴見の總持寺《そうじじ》で始まった。ほかの遅刻仲間十数人と一緒の規則正しい五日間。早寝早起きも身について、すっきりした気分の最終金曜日の午後、会社から人事課員がやってきて我々に給料袋を届けてくれた。当時は現金支給であり、週末に金が無いのは気の毒だという会社の心遣いである。しかも近くの中華料理店での解散夕食会は会社もちであった。遅刻常習者へのなんという配慮。嬉しかった。忘れまいこのおおらかさ。

しかし筆者は、その好意をそのあと、ぶち壊した。

参禅研修のあと、社内報に感想文を書く段になって僕が書いた原稿のタイトルが『取締役会の愚かさ』。

「参禅研修は自分にとってはまことに快適であった。出来るものなら半年に一度くらいはまた行きたいものだ。参禅研修対象者としてまた指定されたいくらいである。従ってこれでは僕へのこらしめには全くならない。この研修で、遅刻者が減ると思うのは愚かであると言ったら失礼であろうか」。こういった原稿である。まことに汗顔。

当然のことだが、これはタイトルも含め掲載前に関係者にはわかっていた内容である。だが一字一句訂正されることなくそのまま掲載になった。まことに「抜けている」というほどのおおらかな風土だった。

参禅研修では懲りない面々であった筆者は、このおおらかさに感激して襟を正した。参禅研修は、その後行われなかった。

やらせたい人より、「やりたい」人を

「能力の差よりも意欲の差のほうが、事をなすにあたって重要ポイントである」というようなことを、早くから自覚していた組織だった。

後《のち》に筆者が「サラリーマンに頭の良し悪しの差はない。スタンスの差だけがある」と発言した思いと同じ発想である。従って何か新しい事業を始める場合、上司から見て「この人物に任せたい」と思われる人物をさしおいて、意欲的に手を挙げた者にその仕事が回っていくというケースが多かったし、それで成功してきた。

いつも人が払底していたという事情もあるのだが、それを差し引いてもまことに適切なやり方だったと思う。

天才発明家の生み出す商品こそが命、というような例外的な組織を除いては、「やりたい人」にやらせることが肝要だ。まことに、意欲は平凡な頭脳に優る。

正確に繰り返せば、意欲の強さと仕事へのスタンスの正しさが、サラリーマンを続けていられるほどの人間には必然的な〝微差でしかない能力の差〟を、はるかに凌駕する。

「今日のパン」チームと「明日の夢」チーム

新しい事業は面白い。立ち上げる過程のあれこれも楽しいが、それが成長路線に乗れば喜びも格別だ。だがそれはすでに完成している主力事業の利益を使っての行いである。そして既存事業は、おおむね地味で丹念な積み重ねが要求される。そこで言う。お互いに「今日のパン」チームと「明日の夢」チームを時々乗り換えながら進もうぜ、と。

大切なことはお互いのエールの交換。とりわけ「明日の夢」を追う人たちは「今日のパン」チームに対する感謝の心を忘れてはいけない。その心があれば、新規事業は正しく全社の期待になる。

知ることは愛することである

たくさんの方法で、繰り返し情報を伝達しようとすることも、リクルートのマネジメントの特質のひとつである。情報活性という特徴。最近は社員一人ひとりに配布されたパソコン一台にすべての情報があるという仕組みが流行だが、あれの対極の手法。昨日役員会で決定したことを、今日はA職（アルバイトの人）も含め全員が知っている。出来ればなぜそのような決定をしたかを知っている。管理職はその決定に対する部下の質問や疑義に適切に答えられる。というようなことを目的として多様な情報伝達ルートが存在していた。即刻では部会、課会での口頭伝達、ついで解説が週刊社内報と月刊社内報。さらにマネージャー向けの特別報。さらに衛星テレビ番組、全社員集会（宴会付）とあり、社員は多様な方法で同じ話を何度も聞く。ほかに部門内報というのもあり、そこで自部門のことは詳しく解説される。これには手間とコストが膨大に必要で、「社内広報担当」社員の圧倒的に多い会社であった。

筆者はよく営業先などで、「うちの会社、社員が会社のことをよくわかっていないんだよ。そればかりか逆の解釈をしている者もいる。リクルートさんはどうしているの？」という質問を受けることがあった。そのときにリクルートの仕組みを解説すると、「おたく、そっちを商品にして売りに来てよ。今日のおすすめ商品は検討しておくけどさ」と思わぬ展開になることをしばしば経験している。経営者は意外と情報伝達に苦心しているものなのだ、という感想に至る。強制的な上意下達というのはさほどうまくいかないものらしい、という発見。

後《のち》にセミナーのまくらなどでよく話した。「古語で言えば、知ると愛するは同義です」と。マネジメントというものが、社員をその気にさせるという目的をもつ以上、出来れば社員に会社を愛してほしいわけで、その決め手の一つが情報活性。

これにいかほどのコストをかけるのが合理的かの算式は無いが、丁寧で親切な情報伝達を心がけることは、「社員の好意」という最高の返礼への道であることは間違いない。

一方、何をしているかわからない、というのは、我々一般に〝うさんくさい〟感じがするものなのだ。それがたとえば隣人の場合でも……。

そう、知ることから愛することが始まる。

要望と共感のバランスマネジメント

リクルートの社内では管理職に重要なアイテムとして「要・共・通・信」という言葉がよく使われた。要望性、共感性、通意性、信頼性の略である。この四つが管理職教育のサーベイ項目になっており、それぞれの各項目につき自己採点と他者採点を事前に取り、研修を行う。他者とは、同僚や部下そして上司である。この研修は一時だいぶ頻繁に行われた。

他人がとりわけ部下が、自分のマネジメントスタイルに率直な採点をしてくれるというのはなかなか刺激的で、かつ「良いところ」と「直してほしい課題」についてのコメントもあれこれ書いてもらえるから、素直に受け止められれば、マネジメントの財産である。

社会生活においては、「他人の目に映っている自分が本当の（意味ある）自分だ」という考え方に立脚している。この研修（ROD研修）が「リクルートの初期の成長と社風を支えた」と説くのは創業経営者グループのひとりである大沢武志《おおさわたけし》さん。生意気の急先鋒みたいな筆者ではあったが、この研修でいくつかは素直に自分の弱点に気付かされたのは、今では懐かしい思い出となった。

さて本題。前述の四アイテムを簡略化すれば「要望性と共感性」である。自分が部下だったとしたらどんな上司が望ましいか。

ひとつは要望性。組織構成員の一人ひとりの資質を見極め、この半年間でやるべきこと、つまり目標を明解に打ち出してくれる上司。その結果を評価に正しく反映してくれる上司。そして組織全体が進むべき道をいつも明確に提示出来る上司。こういう上司が望ましいわけだ。マネジメントとは畢竟、「あの旗を撃て」と言えることだから。そして別のところでも書いているが、明確な目標はメンバーの快感である。

さてもうひとつは共感性。要望を出すにあたって自らも率先する上司。場合によっては全面的に任せてくれて「責任は取る」と言ってくれる上司。体調や人間関係などのわずらいにさりげなく気を使ってくれる上司。こんな上司にはついて行きたくなるわけだ。マネジメントの極意のひとつが「その気にさせてチームプレイ」にあるわけだから。それぞれがお互いをカバーし合える組織は強い。三遊間に穴が無い。

そこで要望性と共感性のバランスマネジメント。

要望性の高い上司のもとの組織は突撃する力が強い。共感性の高い上司のもとの組織は苦境で粘る力が強い。しかして要望性だけの上司の組織は、あるとき離反が起こる。「あんたがやれば……」。場合によっては「鉄砲玉がうしろから飛んで来る」という事態にもなる。上司はあえなく憤死。

共感性だけの上司の組織も、あるとき離反が起こる。「いい人なのはわかるけど、いつもあやふや……」。上司はある日、ないがしろにされる。

それで要望と共感のバランス。

大方のマネージャーは、必ずといってよいほど、このバランスが取れていない。筆者もそうだった。従って大切なのは自分のバランスの傾きを知ろうとする姿勢である。ゆめゆめ、要望か共感のどちらかの強みを部下にゴマ擦りされて〝片肺強化〟にならないことが肝要である。苦手な部分を知って、とりあえず誰かの真似で結構、演技として態度で示す。

真剣に演技しているうちになぜかホンモノになってくる。ビジネスというゲームでは、まず自分の役どころを正しく演技出来る者が勝者なのだ。いや、あなたが勝者かどうかということよりも、自分のところに縁あって集まった部下に〝心躍る一時の連鎖〟を自分なりに精いっぱいで提供しよう、と考えてくれるなら嬉しい。そこには必ず、いい顔をした部下が出現する。

そしてある日、その部下があなたを救う。

管理職の給料の半分は部下につき上げられるためにある

これは自分に当てはめた場合、本当にそう思って、返す刀で時折あちこちに発信した言葉。そういう訳で管理職の皆さんは、ともあれ部下の話をいったんは丁寧に聞く必要がある。そのあと完璧に粉砕するにしてもだ（粉砕する自信のない人ほど、聞こえない素振りをする）。

この言葉を見て苦笑しながらも「ま、そうだよな」と言ってもらえる風土こそ望ましいということである。

さて、では給料の残りの半分は何のためにあるのか。残りの半分は部下を育てるためにある。

問い続けよ「君はどう思う?」と

リクルートの風土の特質についてOBにインタビューを試みたことがある。ハッキリしたことは、リクルート一筋の人よりも、中途入社してきてその後転職した人のほうが、はるかに明確な言葉で風土を分析出来るという事実だ。むべなるかな。後者には比較対象があるということだろう。そういう中途入社&再転職組の何人かが口を揃えたのが、この「君はどう思う?」。

入社まもなくの会議などで上司からいきなりその問いかけを受け、どぎまぎしたというのである。入社したての人間が意見を求められるとは思わなかった、という感慨。とても驚いたという。これにはインタビューした当方が、実は驚いた次第。発見と言ってもよい。リクルートではごく一般的な光景だったのだが……。なるほど、若い者は黙って与えられた仕事をこなせばよい、というあり様《よう》が一般的なのか。本当か。本当らしい。

筆者に言わせれば、「中途の人を含めて新入社員というのは、おおむねすぐ仕事にはならない。価値は〝異質〟であることのみ」なのである。学生であった視点、他社の文化と比較した見解、そういった異質の価値観こそが新人の価値だと思う。

それ故、筆者は彼らに「会社に早く慣れろ」とは決して言わなかった。むしろ「可能な限り慣れるな」と。多大な手間とコストをかけたせっかくの新入りを、旧社員と同じ発想の者に仕立てることを急ぐ愚は避けよう。どうせすぐ慣れるのだし。

ともあれ、新しい人、新しい血がもたらす異質な価値観を取り込んで、それまでの風土をより練度の高いものにしていこうとの志こそが、まっとうな風土への道である。

ならば問い続けよう。「君はどう思う?」と。

分配率の明確化

創業期のリクルートがある程度の人材を確保し続けられた要因のひとつが、比較的に高い給与を支払うという実質だったと思う。そもそも会社で働くという契約が、仕事をして対価を受け取るという行為である以上、給与は高いほうがいいに決まっている。ただ給与や福利厚生の充実などは、いわゆるhygiene factor（教科書どおりに衛生要因と訳したら何のことやらわからない。あったほうが望ましい条件、という意味で使っている）なので、これだけでは当然充分でなく、別にmotivation factor（動機要因）が要る。社風や業態や進取性やトップの資質といった事柄である。人はそのバランス（前者がある程度満たされていれば後者）を勘案して組織選びをするのであるから、当然、給与の高い順に企業人気が高い、という図式にはならない。当然だろう。パンのみで生きるに非ずなのだから。

しかしそれでも、会話でよく出る言葉「年収いくらもらっているの？」。

そう、給与はある意味では社会評価のごとくなので（ほんとは全く違うが）、ペイがよいということが一定の有効打であることは疑いを得ない。ましてやほぼ無名の企業においては（リクルートが知名度全国区になったのは、あのリクルート事件以降である）。

さて分配率の明確化ということでいえば、「給与は某指標の何%上の数字を目指す。賞与は利益の何%を社員還元する」と極めて明確で、全社員がそのことを知っていた。ここで重要なのは、明確な基準が提示されていたという事実のほうで、その各論では無い（この算式を、筆者や周囲の大半は正確に覚えていない。当時から）。

別のところで書いた〝組織の非搾取性〟は手柄のことであるのだが、ペイの配分ということでも透明であること、経営者が搾取していそうな影が無いことが重要なのだ。そして何よりもそのこと（明確な分配率）が原動力となって稼ぎ出した業績によって、次の高い給与が支払われるという連鎖が、高い成長力を下支えしたのである。経営的な戯れ言をいえば、「払ってから働いてもらうか。働いてもらってから払うか」である。投資と留保を取り分けてのち、可能な限り社員に「先払い」すべし、は暴論か。

目標志向性の高さとゲーム感覚

社外に出たリクルートOBが一様に言うのが、「リクルートの出身者は、目標に向かっていく姿勢が単純明快だ」という感想。筆者の表現では「やるべき時はまず一丸でともかくやる。上司との喧嘩はその後で」ということである。

組織も個人もいつも明確な目標をもっている状態、それがリクルートの成長を支えてきた。それは例えば課長が、新人社員に正しく目標を提示出来る姿であること、そういう資質と組織としての仕組みをもっているということである。「あなたは今期、何をなすとエライのか」が明確であるのは快感である。当然である。そして、その当然への道のりには次の各論がある。

ひとつは、個人個人の目標設定に際し当人と上司がたくさんの時間を取って話し合う。納得いくまで話し合う。とことん話し合う。そして結果の評価についても同様に膨大な時間をかける。これには不完全燃焼での打ち切りがあってはならない。これを正しく行えないとすれば、その段階で管理職としては給料ドロボーであるはずだ。正しい目標設定と明快な評価の連続、これが目標志向性への風土になってゆく。しかし目標数字への高い意識ということだけでいうなら、別にリクルートのみの特質では全くない。それがいかなる手順で設定された目標であるにせよ。では「快感目標」であるためには何が必要か。さきに手段としての各論を挙げた。個人目標の設定とその評価が丁寧に行われていることがそれである。

そして「快感」を支える本質、それが「ゲーム感覚」なのだと思う。

もし目標に満たない社員を人間として罵倒するような上司や会社があるとすれば、それは悲しい。いや、悲しいなどという情緒的な表現ではすまない罪業であろうか。数字はゲームとして苦闘しながらも楽しむ。終わっての飲み会は、人と人で対等。そういう感覚。そういう余裕。そういうあり方。

「たかが会社」と新入社員に贈る言葉のラストに書いた意味もそのへんにある。

ただ、「あなたは自らの意思で今のこの組織を選んでいるから、今ここにいるのだ」という言葉も同時に受け止めなければなるまい。

たかがゲーム、されどゲーム。

意味無意味は、その主体への思い入れの深さによってのみ決まるのだ。

幸運と伝説

成功したどんな組織にも、勝ったどんなゲームにも〝幸運〟が介在している。リクルートの歴史でも、選択した方針の結果としての幸運は数え切れない。たとえ過誤があった時でも、そのあとに結果としての幸運がある。

では運とは何か。ツキとは何か。わからない。全くつかみどころが無い。あえて言えば、「やるべきことは全力でやる」そして「祈る心を持つ」ということか。

これでは明快な、科学的な答えにはなっていないが……。それでも付言すれば、正しく他力本願であること、すなわち自分たちは他人によって生かされているという思いを強く持つことが、運の扉を開ける鍵のような気がしてならない。

さて伝説もまた、組織の成長には欠かせない要素だ。伝説として語られる行いには何かしら非常識なところがあり、それが人を鼓舞する。その伝説を生んだ組織の一員であることが誇らしく思える心、それが貴重なのだ。伝説を生む行為は、愚行や傍若無人や狂気と紙一重のところにあるものだけに、誰にでもなせる業ではない。だからオトナになる過程で常識を身にまとった我ら凡俗には、それがまぶしい。

まぶしい……それが仏様の光背の輝きのごとくであれば、ご利益《りやく》がないはずがない。

それにしても「幸運と伝説」は、結果として生ずるものなのか。それともしかるべき行いが前提なのか、それは断じ難い領域である。

やはり、祈るのみか。お釈迦様の手の中で。

風土は無形文化財である〝タンポポ野郎〟健在なれ

「最近、リクルートらしさが失われてきている気がするんですが……」

何人かの後輩がそう感想をもらすたびに筆者が言った言葉。

「企業風土は無形文化財みたいなものであるから、それを守りたいという人たちにとってのみ意味をもつ。それ故、今の社員たちがそれを守るべき文化財と考えるか否かに、風土の存続はかかっている」

同時に次のようなことを伝えた。

「大丈夫、風土の良い部分は、先の物言い（社員の意識云々）を超えて必ず生き残る。ちょうどタンポポのように、踏まれても踏まれても、また花を咲かせる。そうして社内で、あるいは転職しての別の会社で、その良い風土を伝承していく人たちを〝タンポポ野郎〟と呼ぶことにしよう」

この会話では「良い風土とは何か」とか、「失われているものは何か」という点は検証されていない。お互いの暗黙の了解が正鵠《せいこく》を射ているのかも定かでない。言いたかったのは、もし風土のどこかが無形文化財であるならば、計算とは全く別の思念で守り育てるべきだろうということ。そういう計算外の情念を抱くことが出来る人たちによってのみ、風土は正しく守られもし、また正しく捨てられもするのだと思う。

――なぜ、人材輩出企業なのか

正確に言えば「なぜ人材輩出企業なのか」ではない。これの答えなら、「比較的若くして辞める人が多く、それらの人が一定の資質を生かして産業界を中心にほか様々な分野で活躍しており、それがマスコミなどに取り上げられることが多く、結果として〝人材輩出企業〟といわれるようになった」から。

ではそういう人材を生む源泉は何か。かつて（二〇〇三年だったか）N新聞から、「採用の時点のこととは別に、つまり採用者の資質の問題を抜きにして入社後に後天的に風土や教育によって培われる要素は何であるかを回答いただきたい」というような要請があったと聞く。広報の長束泰孝《なつかやすたか》さんらとその答えのための問答もした。

採用者の資質抜きではリクルートの特質の大半に目をつぶった抜け殻のような事項が残るだけだ……と一瞬思うものの、その取材が「〝採用がすべて〟では記事に膨らみが無い」という趣旨であれば、その範囲で協力する、いやこれを機会にリクルート側の洞察をまとめておくのもよいと感じたものである。

今では思う。「採用者の資質抜きではリクルートの特質の大半に目をつぶった……」は本当なのか、と。自らの資質を思う、そしてOBの誰彼を思う。本当に「他社の社員とは違った資質」なのだろうか。

「一定のGAT（潜在能力テスト）点数」と「独立志向の強いタイプ」「面接で何か見所を感じる人間」というように表現されるリクルートの入社者だが、いやほかにいくつ並べても、それは採用意欲の高い企業ならほとんど同じではないか。

それにもかかわらず「リクルートの特質は採用者の資質が前提だ」と感じたのはなぜなのだろうか。そしてこのテーマを話題にするときおしなべて「まず採用が違う」と多くのOBが言うのもまた事実なのである。なるほど「採用にかけるエネルギーとコスト」は並外れている。文字どおり伝統的特質と言える。〝採用命〟が社風だ。しかし結果として入社してくる人物ということになれば、それはすでに書いたごとく他社と大差ない……ように思える。

こう書くからといって、小生もかつては全力を挙げたリクルートの採用活動にかけるエネルギーの膨大さを、コストパフォーマンスが悪いとか言おうとしているのでは断じて無い。今、現に採用活動をしている人たちは自信を持って今の路線を、いやもっと熱くと念じながら続けていただくことを願うものである。

そしてさらに深く採用者の資質について考えてみれば、今まさに採用されようとしている人材がいるとして（リクルートの場合、採用するというより応募者が今まさにこの会社を選択しようとしているという表現のほうが当たっているが）、その人材はその時点では他社に入社する人と特段の資質の差は無い。しかし意思決定の頃に微妙な変化（あるいは開花）の芽を育てつつあると言えるのではないか。リクルートという風土の粉を度重なる面談のなかでかけられての、自分の解放の予感。

採用担当者であった木村樹紀《きむらしげき》さんと筆者とのいくつかの会談、採用者の資質に関する幾度かの話し合いでは「結局、採用以前に彼や彼女が歩んできて身につけたものを後から教育的に変化向上させることはまず無理。可能だとしてもエネルギーがかかり過ぎる。従って採用以前に決定している資質を見極める採用活動をするのが正しい」と結論づけている。三つ子の魂百まで、というわけだ。ではやはりリクルートは採用段階で、他社と違う何かの資質を選択しようとしているのではないか。前述の「人材に他社との差は無い」に矛盾するではないか。

応募者が集まった初期時点での資質には、他社でも優秀だと考えるだろう人材との隔たりはほとんど無い。次々と面談なりが進む段階で先に書いた〝自己解放の予感〟とか

〝資質の膨張〟とかが発生すると言えようか。リクルートでは繰り返しての何度もの面接が行われるのが通例である。度重なる入社面談の過程でリクルートへの自らの決断が高まる度合いに応じて発生する「早くも生じた会社への主体的参加感」が、異質への萌芽となっている。

面接終了後の学生たちが顔を紅潮させている光景に出くわす。初めて出会った他人である採用担当者と交わした人生観の対話。まだ話し足りない。路上で数人ずつの論議の輪ができる。近くの喫茶店へなだれ込む。そういう風景。この会社をもっと知りたいという思い。そして採用担当者（人生のちょっとだけの先輩）にやりこめられた興奮。それが異質への始まりだろうか。

さらには採用活動のなかで、なるべく「内定」という言葉を使わないようにしているのも大きな特徴である。「採用とは、会社が応募者の能力を判定して合否の判断をする行為ではなく、応募者に会社が選ばれるように会社の全エネルギーを投入して対話することである」と考えるからである。「あなたの感覚であなたが会社を決めなさい」。

さてこの採用過程で、リクルートの風土に強く感応してくるタイプと、さほどでもなく様子見の人たちと、一部むしろ嫌気が差す学生とに分かれるようだ。先に書いた木村さんとの議論は従って「感応するタイプを見極める」ということでもある。

ともあれこうして自分が選んだ会社としてリクルートに入社してくる時には、能力という資質の他社との差ではなく、会社に対する思い入れの差が生じている。わずかにではあるが。そして入社後のリクルートの風土のなかで「どうやら多くの世間の会社とは違うテンポと質量で会社への参画を求められている」という経験をし、自分もそれに応えていく過程で、そして多くの同僚も同じように成長していくのを見つめる過程で、「もともと他社とは異質の特性を持った人間が入ってきた」という認識になっていくのではあるまいか。

ここまであれこれ書いたが、まことにわかりにくい。

「採用される人間の資質に差は無い」という前提に立ち、かつ「採用活動とその結果としての入社者は、明らかに多くの他社の新入社員とは違う」という大方の感慨を認めると、このようにややこしくなる。

明確に示せるのは「採用は全社を挙げてのイベントである」という考え方と、「自己実現への思いが強い彼や彼女にその気になって入社してもらうために全力投入する」という行為があるという事実のみかもしれない。

人材輩出企業論

さてタイトルに戻って「人材輩出企業」論。転職した先々でOBたちがなぜ活躍しているのかを考える。それが一応の事実だとして。

1. 筆者が考える最大要素は「組織のあり様《よう》を変える（変えようとする）力である。

通常転職者は、その配属された組織の状態（仕事のやり方や上司の資質）をいったん受け止めてその範囲で努力する。リクルートの出身者は、まずそれを「より仕事がやりやすい環境」に変えたいと望む。〝お前はどう考える？〟と常に問われた社風の中で育った精神。それは仕事内容だけでなく上司にも及ぶ。必要ならテーマによっては上司と対決もする。それを日々行う。小さなことからでも少しずつ変えようとする。変える。結果としてしばらくすると、前とは違った状態の組織になる。当然それは以前から所属していた社員の望むところだったわけで、その推進者であるリクルートOBは一目置かれ、発言に耳を傾ける者が多くなり、それが次々と好循環を生む。

経営からはより重い責任の仕事が与えられ、さらに……という循環だ。これが「活躍」の源泉だ。

かつて某有名メーカーから転職した優秀な管理職の女性が、そのとき役員だった筆者に印象的な苦情を述べたことがある。曰く「自分は上司の部長の方針説明に少し納得いかないが、それを受け止めて努力する気でいる。しかしそれを自分の部下に説明展開すると、部下が遠慮なく（自分でも先におかしいと感じた部分について）文句や反論を言ってくる。自分は両方に挟まれて立つ瀬が無い。もっとこの会社のメンバーに〝上司の方針〟をいったん受け止める訓練をしてほしい」

それだけリクルートは上司に遠慮が少ないということだ。これは会社の成長の過程で、上司の成長が会社の成長に追いつかなかったということも起因しているが、それにも増して「管理職は機能である」という考え方のせいであろう。「皆経営者主義」という言葉もあった。そしてその対岸に「日替わりスター主義」。

2.

さて、「組織を変えようとする」を実現していくにあたり助けになっているのが次の事実。それはリクルートの転職者の多くがトップもしくはそれに近い筋からのスカウトだということであろう。これはいざとなれば「直訴」しやすいことにつながり、結果として彼の仕事は結論が早い……という一般社員が最も望む状態の実現につながる。彼はこうして同僚や部下の心を掴むことを得る。

3. さらに前述のふたつに関連することがある（人の活躍とはいくつかの関連事項の同時達成なのである）。それは「部下の意見を汲み上げるやり方になれている」ということ。

しかもこの場合の部下というのは、その職場の全員つまり契約社員や派遣社員やアルバイトを含めてだ。「現場に情報がある」「部下の意見を吸い上げられない管理職は失格」という風土の中でそれらの言語を意識せずに〝部下を巻き込んだほうが得〟だとの感覚で部下に接する。結果としては先の「結論の早い上司」に加えて「理解してくれるリーダー」にもなるわけだから、たいがいの職場の大課題である「課題分担・目標共有」に近づく。結果も出やすい。ここでも「活躍」は具現される。

4. これらに加えてコミュニケーション能力やシステムリテラシーなどが挙げられようが、これらは例えばコンサルタント会社の社員などでは優秀な人材がたくさんいるわけで、やはり「組織を変えようとし、全員を巻き込んでいく」という動的な力こそが活躍に至る特質なのではないだろうか。

それと敢えてつけ加えれば、組織の中の若い人を巻き込むのがうまいわけで、中高年の社員や管理職が多くいる会社での「活躍」の例は（そういう会社への転職が少ないこともあって）まだあまり聞こえてこない。変化に対する欲求が強く、現実にも早いテンポで変化成長している組織においての「活躍」といえようか。今後少子化の問題（若年労働人口の減少の問題）と高齢化社会の急速な到来という事態のひとつの辿り着く先として「高齢者の嘱託再雇用化」がある。リクルートの出身者が高齢者の多い職場でも「活躍」出来るのかは、これからの事例を待たねばなるまい。

自ら機会を創り出し、機会によって自らを変えよ

この言葉だけは、いわゆる生嶋語録ではない。ただリクルートを語るときにはどうしても外せない言葉だ。

これは一九六八（昭和四十三）年、社訓として定められた。この時同時に社是も創られている。

「原案は江副浩正で取締役会が承認」との記載がリクルートの二十五周年記念誌にある。リクルートの風土を総括しており、長く社員に愛されている言葉である。この社訓のプレートが全社員に配られ、みな机の上に大事に飾っていた。

これはあまり解説を必要としない言葉である。当時「社員皆経営者主義」という言葉もあったが、それをよりスローガン的に表現している。あなたが自分の主人公なのだと。そしてそれは会社が用意するものでなく、あなた自身が創るものである、と。

創業まもない頃のアルバイトの女性の証言がある。「会社で出かけるピクニックのよ

うな行事に入社したてのアルバイトの自分も一緒に参加なのです。それがすごく嬉しいし新鮮だった」と。これは今から五十年近く前の「株式会社」においては極めて珍しいやり方と言える。こういう全員参加の考え方が発展して「日替わりスター主義」になり、より積極的には前述の「皆経営者主義」になったわけだ。

さらに関連して言えば、創業者の江副さんは「少数が精鋭を創る主義」というのも折々発言していた。これは言わずもがな「少数精鋭主義」をもじったもので、無名に近い会社としてはまだまだ精鋭と呼べる人材の採用は困難だったとしても、入社後の多事多忙の中で人が精鋭化していく、そうなってほしいという思いがこめられていた。そしてその成長の過程での飛躍へのステップは、自分で創り出してほしいというのが「自ら機会を……」なのである。

受け取りようによっては「あなたを手取り足取り教育することは、この会社ではしない」「自分の力で掴み取れ」というメッセージに聞こえるだろう。それはある方向へ展開すれば、弱肉強食の競争世界とか教育無き実力主義とか家族的連帯の放棄などへ向かう。そういう意味を感じる人はたじろぐ類の言葉だ。ゴールドラッシュに沸くコロラドの金鉱の入り口に掲げられた看板のような趣さえある。

だが多くの社員は素直にこの言葉を愛した。実際に「愛した」という表現がぴったりくるほどの感情でこの言葉を語った。机に掲げた。手帳に書いた。

だがしかし、社外にはこの言葉に素直に反応しない人たちがいた。「経営が社員に責任を押し付けているみたいな感じがする」というような感想がそれだ。時あたかも日本の終身雇用と家族主義が全世界のモデルになろうとしている時期にさしかかっていたこともあって。だがそれらのいささか〝引いた感じの感想〟だけなら、この言葉は後に歩む運命を辿らなかったろう。ある高名な経営者の所感が、やがてこの言葉を「社訓として今後使用しない」というところへ追い詰める。

昭和五十年代後半のある年、リクルート安比《あっぴ》トップセミナーの会場でたまたま昼食時に筆者の隣に座られた大手電機メーカーのS社長の「自ら機会を……」への感想と解説がそれだ。

「これは社員に対して会社が与える言葉としては全くふさわしくないですな。ある意味経営による社員の能力開発の放棄というか。会社というのはいろいろな人、いろいろな出来事、いろいろな状況の複合で動いているわけで、個人ひとりが発奮してもいかんともし難い場合が多い。むしろ〝禍福はあざなえる縄の如し〟というべきで、個人ひとりではどうしようもない幸不幸が順番にめぐってくるものです。私もそうでした。それを、〝自ら……〟と突き放すのはよくありません」

諄々《じゅんじゅん》とした諭すような口調であったのを思い出す。

これが筆者の耳に強く残った。もともと「皆経営者主義」に対しても中途入社したての頃、「人事権も何もない社員がどうして経営者なのか」と食ってかかった経験のある筆者だから、余計心に残ったのかもしれない。「自ら機会を……」の新鮮さやその韻律に好感をもっていたのではあるにしてもの「別の発見」だった。

後年、リクルート事件の時に筆者が経営刷新委員長なる仰々しい立場で社是や社訓の見直しに参画したことがある。「社会的規範に照らして」がその時のすべての思考軸になっていた。結果、過去のS社長の発言をずっと抱いたままだった筆者が、この言葉を「社会的標準からは外れた言葉」と断罪したのである。そして社訓から消えた。このリクルート事件の頃の社内外の状況や社員の心根についてここでは詳しく触れないが、「社名も変えようか」という議論も出るほどであったと言えば少しは伝わろうか。過去全否定ムードというのは歴史の転換点でよく起こる現象だが、当社もその例を免れなかったわけだ（ただ会社の商品に対する社会的指弾では無かったという救いはあったが）。

それにしても筆者はなぜこの言葉を捨てたのか。うろたえていただけか。さらにはリクルート社内に一般的でない解釈を提示する卑小な酔いか。今さらの感慨はさておく。

この言葉は、しかし、そういう動転した決定を乗り越えて生き残った。最初は社員の心の中に。やがては堂々と。社訓であれ何であれ「この言葉が好きだ」という心意気に支えられて。

リクルートでは過去、有名作詞作曲家による「社歌」が何度も作られてきた。派手な発表会もやった。半年ほどは散発的に歌われたりもした。しかしいつしか消えた。正しく社歌として認定されているにもかかわらず、である。

比べて「自ら機会を創り出し、機会によって自らを変えよ」は雑草のごとく生き残った。あえて言えば弾圧を受けてもゆるぎない宗教のように……。

社歌のはかない消え方と、社訓の強い生き残り方が、そのまま社風の表出であろうか。社訓の言葉自体がある意思をもって「自ら機会を創り出し」、新たに形を変えたリクルートの言葉になった。

これはそういう言葉である。

未完であれ実力主義

筆者はこの数年の流行である「実力主義」「能力主義」といった言葉に胡散《うさん》くささを感じるものである。それが人事コンサルティング会社の商売として喧伝されている、とは言わないまでも。

年功序列と終身雇用から決別した現代経営が、次に人件費の適正配分と称して謳いだしたのが実力主義であるが、その実態が明確で納得性の高いものなどひとつも見当たらないように思われる。

もともと「自分への評価というものは、その仕組みを〝理解〟することはあっても〝納得〟出来るものではない」という筆者の感慨もあるのだが、そういう言い方をするまでもなく、世にある「能力評価表」なるものの言語が全く不分明な代物なのだ。これは作成者がよく自認しているはずであるので、くどくどは言うまい。

ともかくその曖昧なもの（書いてある文字は整然としているが中身が不分明なもの）

によって社員はその実力を評価されるわけだから、評価される側の悲しさは言うまでもない。

とりわけ問題なのは多くの評価システムが社員を良いと悪いに二分することである。そして良い社員が残ると、次にその残った昨日までの良い組を、また良い悪いに分ける。こうして最後に良い人がひとり残る。まさかとは思うが。

そこで思う。「労働の三要素」であるペイとポストとポジションとを。ここでポジションというのは「重要な仕事を任せられた立場」といったものであるが、いずれにせよこの三条件が揃えば人は燃える。逆にこのひとつも無いとしたら辞めたくなる。自明である。

世の実力主義、能力主義というものは、評価によってこの三つとも年配者から若者へ移し変えることもあるわけだが、いきなりそうせずとも、若い有能な人にはまず「ポジション」だけを与えるということでよいのではないか。ある期間はペイもポストも依然、かつての功労者である年配者のほうが高い状態を保つわけだ。「労働の三要素」の適宜適正な時間猶予した配分という考え方だ。そういう手法を、組織の配慮あるやり方として好感をもって見ている若手有能人材がいることを捨象《しゃしょう》してはなるまい。若手人材にとっても明日の我が身だからである。

付け加えればこれらの論は、年配者が若手の成長の邪魔をしない、むしろ手助けをする気風が前提となるべきことは言うまでもない。

さてこの「評価制度」という命題は、一般論でなく現場の各論のあれこれを想起すると、思考が袋小路に入る。いかなる逆論も成り立つからだ。

結論に進もう。要は、「組織の七五％以上がそれなりに納得する評価」の繰り返しを続けられるか否かなのだと思う。それは、厳密な実力主義評価テーブルだけでは断じて及ばない世界である。「信頼出来る上司によってなされる」という前提つきではあるが、〝匙加減〟といった曖昧なものが必要だ。そう、信頼出来る上司が決めたことなら評価テーブルは要らないとも極言できるほどだ。納得性も高まる。正当な悔しさもまたしかり。

こう考えると、評価テーブルを議論する前に、最善の「課長人事」をすることこそが肝要なのだということに帰結する。制度より風土。評価制度より、もっと困難な人材育成の風土こそがポイントだ、と締めくくりたくなる。ここでも想起されるあの言葉。

士は己を知る者のために死す。

さて、この稿を書きながら、いろいろな資質の彼や彼女たちとその置かれた立場を思い起こしてしまうと、直線的な「人材評価論」は書けないという自覚にも至る。

それでも結びに言う。

組織が柔軟な活力を希求するなら、完璧な実力主義を完成させようとはしないでほしいと。〝機微〟を忘れない風土であってほしいと。

英の東インド会社設立（一六〇〇年）からならようやく四百年余の「株式会社」という働くカタチ。そこに忍び寄る実力主義という影。共感のスポイル。なにがしかの冒瀆《ぼうとく》。

ボクは心から願う。いつまでも未完なれ、実力主義。

おわりに

二〇〇六年三月、筆者の誕生日の某日。テレビには東大寺・お水取りの映像。その歴史絵巻が自らの心に反転した矢を放って、歳月に追い込まれた感じでこの原稿書きを思い立ったわけです。しかし野球のＷＢＣの戦いぶりが〝まるでドラマ〟で興奮し中断。春分の日の初代チャンピオンで元気をもらって、あとは「原稿より、野球のほうがすごいなあ」とラチもないことを思いつつも楽しんで仕上げました。書き終わって、今、解放されています。

この一作は、我ながら玉石混交。自分の稿に〝玉〟呼ばわりはおかしなものですが、ま、書いた側の気分としてです。ご容赦。

他人の目はいかであれ、お気に入りのプラモデルを完成させた気分。

筆者はリクルート退職後の数年、有限会社生嶋事務所を構えており、その惹句は、「人と組織、もっと楽しく」でした。

思いはその言葉のとおりで、ちょっとした心のあり様《よう》で会社はもっと楽しくなる。滅私はやめてください。自分色を存分に出して楽しくいきましょう……といったところ。

そして全国数千万人のサラリーマンの顔が良くなれば、少なくともそれを見ている次代の子供の顔つきも違うものになろう、というのが根底です。子供の良い顔に対するオトナの責任。義務。みやげ。なすべき行い。ともかく。

「オトナを元気にすると、日本が元気になる」はリンクアンドモチベーション社（小《お》笹芳央《ざさよしひさ》代表）の標語ですが、同じ感覚です。

近代経営の最大の責務は「まず自分の会社の社員を良い顔にすることだ」という思いさえあります。そして「良い顔の社員からのみ良い商品は生まれる」と。さしたることもなさなかった生嶋事務所の代わりにというか、「人と組織がもっと楽しくなる」ように願っての一冊です。それなりに恥多き人生の贖罪としても、と言うべきところでしょうが、そういう殊勝な精神にはいまだ至っておりません。

さて今、筆者は若い人数人の大いなる手助けを受けて、「至福の時」というサイトを始めようとしています。その扉の五行は以下。


自分探しの旅という曖昧な言語を捨てよ、と横丁のご隠居が言う。

さらに『暗い奴は暗く生きろ』とも言う。

世は己にとっての悲しさに満ちているかのようだ。
ただ時の流れだけが、いかなる貴顕にも等しく過ぎてゆく。
目映いほどの豊饒な悠久。至福の時はあるのか。

この五行、ボクの言葉遣いの限界。ともあれこれからは、このサイトを楽しんでいこうと思っています。
締めとして一句といきたいところですが、散文人間の筆者には無縁。

中年や遠くみのれる夜の桃　　西東三鬼（『西東三鬼全句集』沖積舎）
沙汰もなく美しきまま椿落つ　　位田尚遥（リクルートOB）

結びに、その存在自体が筆者の糧である家族にありがとうの言葉を。楽しい会話がなせる友人のあの顔この顔に感謝を。

二〇〇六年夏、蓼科山荘にて。

〈著者プロフィール〉

生嶋誠士郎（いくしま　せいしろう）

1942（昭和 17）年、埼玉県草加市生まれ。都立九段高校、早稲田大学文学部哲学科心理学専攻卒。産経新聞記者を経て、

1969（昭和 44）年、日本リクルートセンター（現・リクルート）に入社。企画制作課長、営業部長、人事教育事業部長、ニューメディア開発室長、

1986（昭和 61）年、情報通信事業担当取締役。いわゆるリクルート事件時は、管理部門（広報、人事、経営企画など）担当常務。

1998（平成 10）年リクルートを退任し、生嶋事務所設立。「人と組織、もっと楽しく」をモットーに、いくつかの会社で契約 Adviser。この間リクルートのキャリアサポートセンターのカウンセラー、リクルートエージェントのカウンセラーも。

リクルート時代は風土の形成に強い興味をもち、いろいろな場面で言葉を発してきた。いわゆる「生嶋語録」。それが今回の著作につながっている。

2000 年には蓼科に生嶋山荘を開設。この蓼科山荘は個人別荘でありながら多くの来訪者があり、若い人たちの「作業と語らいの場」ともなっている。

2022 年、蓼科山荘物語ブログ、イクさん.net、新サーバーに移行して新装スタート。（T・A さんに感謝）。

2024 年現在、NPO 法人「最強の課長研究会」アドバイザー。

※本書は、新風舎によって二〇〇七年一月初版第一刷発行、二〇〇七年七月初版第二刷が発行されました。その本に六人分の感想文を加えて、この度「令和版」として新発行するものです。

暗い奴は暗く生きろ　令和版　リクルートの風土で語られた言葉

2024年5月21日　第1刷発行

著　者　　生嶋誠士郎
進行管理　株式会社テラスジェイ

発行人　　大杉　剛
発行所　　株式会社 風詠社
〒553-0001 大阪市福島区海老江5-2-2 大拓ビル5-7階
TEL 06（6136）8657 https://fueisha.com/
発売元　　株式会社 星雲社（共同出版社・流通責任出版社）
〒112-0005 東京都文京区水道1-3-30
TEL 03（3868）3275
印刷・製本　シナノ印刷株式会社

ISBN978-4-434-33973-8 C0095